Profile konfessioneller Erwachsenenbildung in Hessen

Reviewed Research. Auf den Punkt gebracht.

Springer VS Results richtet sich an AutorInnen, die ihre fachliche Expertise in konzentrierter Form präsentieren möchten. Externe Begutachtungsverfahren sichern die Qualität. Die kompakte Darstellung auf maximal 120 Seiten bringt ausgezeichnete Forschungsergebnisse „auf den Punkt". Springer VS Results ist als Teilprogramm des Bereichs Springer VS Research besonders auch für die digitale Nutzung von Wissen konzipiert. Zielgruppe sind (Nachwuchs-)WissenschaftlerInnen, Fach- und Führungskräfte.

Wolfgang Seitter

Profile konfessioneller Erwachsenenbildung in Hessen

Eine Programmanalyse

Wolfgang Seitter
Philipps-Universität Marburg,
Deutschland

Gefördert aus Mitteln des Landes Hessen im Rahmen von HESSENCAMPUS (2011)

ISBN 978-3-658-02665-3 ISBN 978-3-658-02666-0 (eBook)
DOI 10.1007/978-3-658-02666-0

Die Deutsche Nationalbibliothek verzeichnet diese Publikation in der Deutschen Nationalbibliografie; detaillierte bibliografische Daten sind im Internet über http://dnb.d-nb.de abrufbar.

Springer VS
© Springer Fachmedien Wiesbaden 2013
Das Werk einschließlich aller seiner Teile ist urheberrechtlich geschützt. Jede Verwertung, die nicht ausdrücklich vom Urheberrechtsgesetz zugelassen ist, bedarf der vorherigen Zustimmung des Verlags. Das gilt insbesondere für Vervielfältigungen, Bearbeitungen, Übersetzungen, Mikroverfilmungen und die Einspeicherung und Verarbeitung in elektronischen Systemen.

Die Wiedergabe von Gebrauchsnamen, Handelsnamen, Warenbezeichnungen usw. in diesem Werk berechtigt auch ohne besondere Kennzeichnung nicht zu der Annahme, dass solche Namen im Sinne der Warenzeichen- und Markenschutz-Gesetzgebung als frei zu betrachten wären und daher von jedermann benutzt werden dürften.

Gedruckt auf säurefreiem und chlorfrei gebleichtem Papier

Springer VS ist eine Marke von Springer DE. Springer DE ist Teil der Fachverlagsgruppe Springer Science+Business Media.
www.springer-vs.de

Inhaltsverzeichnis

Einleitung 7

1 **Institutionalstrukturen konfessioneller Erwachsenenbildung in Hessen** 9
   1.1 Organisationsgefüge der evangelischen und katholischen Erwachsenenbildung 9
   1.2 Spezifika konfessioneller Bildungsarbeit 12
   1.3 Umfang 15
   1.4 Zusammenfassung 18

2 **Angebots- und Inhaltsprofil(e) konfessioneller Erwachsenenbildung** 19
   2.1 Strukturen und Angebotsprofile der Programme 20
       2.1.1 Evangelische Programme 20
       2.1.2 Katholische Programme 28
       2.1.3 Zusammenfassung 32
   2.2 Inhaltliche Ausgestaltung der Programme 33
       2.2.1 Evangelische Programme 34
       2.2.2 Katholische Programme 39
       2.2.3 Zusammenfassung 45
   2.3 Formate, Themen, Methoden, Darbietungsmodi 46
       2.3.1 Formate 47
       2.3.2 Spezifische Themen und Thematisierungsformen ... 49
       2.3.3 Methoden 51
       2.3.4 Darbietungsmodi 54
       2.3.5 Synopse 56
   2.4 Hybridität der Angebote: Vier Fallbeispiele 57
   2.5 Schluss 63

3 **Charakteristika konfessioneller Bildungsarbeit** 65
   3.1 Umfassender Begriff von Erwachsenenbildung 65
   3.2 Menschenbild 66

3.3 Raum-Zeit-Konfigurationen 69
3.4 Spannungsverhältnisse und doppelte Codierung 71

4 Positionierung konfessioneller Erwachsenenbildung im Kontext des Hessischen Weiterbildungsgesetzes – ein Ausblick 73

5 Literaturverzeichnis 77

6 Abbildungsverzeichnis 79

7 Anhang 81

Einleitung

Die vorliegende Studie untersucht Angebots- und Inhaltsprofil(e) konfessioneller Erwachsenenbildung in Hessen.[1] Im Zentrum der Analyse stehen fünf Programmhefte der evangelischen und katholischen Erwachsenenbildung in kontrastierenden Regionalkontexten mit insgesamt 450 Veranstaltungsankündigungen, die auf unterschiedlichen Ebenen mit unterschiedlicher Tiefenschärfe analysiert werden. Die Studie fokussiert insofern die Konzeptions- und Angebotsseite von Erwachsenenbildung, nicht die tatsächliche Umsetzung und praktische Realisierung der Bildungsarbeit. Gleichwohl erlauben Programmanalysen eine Fülle von Einblicken in Strukturen, Anbieterkonstellationen, Themen, Referenten, Orte und Zeiten von Erwachsenenbildungsarbeit. Programme stellen das Ergebnis von – zum Teil langjährigen – Abstimmungsprozessen zwischen Anbietern und Nachfragenden dar, in die das kodifizierte Erfahrungswissen vieler Planungsrunden eingespeist ist und die dadurch eine zwar spezifische, gleichwohl angemessene Beschreibung von Strukturen und Profilen der (kirchlichen) Bildungsarbeit ermöglichen.[2]

Die Ergebnisse der Programmanalyse zeigen

- die dichte und flexible Infrastruktur, auf der konfessionelle Bildungsarbeit aufruht und die in den Programmen eine auffällige Variations- und Kombinationsvielfalt von Angebotsformen, Inhalten, Orten und Zeiten ermöglicht;

---

[1] Konfessionelle Erwachsenenbildung meint Angebote der Erwachsenenbildung in evangelischer und katholischer Trägerschaft. Daher werden im Folgenden die Begriffe konfessionell und kirchlich synonym verwendet. Die Studie wurde im Auftrag der Evangelischen Erwachsenenbildung Hessen (ELO) und der Katholischen Erwachsenenbildung (KEB) - Landesarbeitsgemeinschaft Hessen e. V. durchgeführt. Mein Dank gilt an dieser Stelle Frau Wilsdorf und Herrn Oberbandscheid.

[2] In der Erwachsenenbildungsforschung haben Programmanalysen eine lange Tradition (vgl. exemplarisch Nolda/Pehl/Tietgens 1998). Zum Stellenwert von Programmen als Ergebnis eines filigranen Such- und Abstimmungsprozesses vgl. Schlutz 2001, S. 2f. Für einen aktuellen Überblick über Methoden und Forschungsergebnisse im Bereich von Programmanalysen vgl. Nolda 2011. Auch im Bereich der konfessionellen Erwachsenenbildung liegen bereits etliche Programmanalysen vor, hier vor allem für den Akademiebereich (vgl. exemplarisch Rieger-Goertz 2008, S. 359ff.). Für den Bereich der allgemeinen konfessionellen Erwachsenenbildung sind insbesondere die Bände von Gieseke (2000, 2003) und Fleige (2011) zu nennen.

- die in konkrete Inhaltsbereiche systematisierbare Fülle an Themen und ihre entsprechende zielgruppenspezifische Ausrichtung;
- die Komplexität, Variationsbreite und Tiefendimension der Bildungsarbeit, die sich in einer Vielfalt von Anspracheformaten, semantischen Feldern, Methoden, Darbietungs- und Erarbeitungsmodi zeigt und die den Menschen in spiritueller, kognitiver, emotionaler, körperlicher und aktionaler Perspektive gleichermaßen anspricht;
- die anthropologischen Entsprechungen einer derart lebensbreiten, lebenslangen und lebenstiefen Bildungsarbeit, die sich in einer sinnesbezogenen, biographie- und gemeinschaftsorientierten sowie eindrucks- und ausdrucksstarken Bildung äußert, die sich in spezifischen Raum- und Zeitdimensionen manifestiert und die Mensch, Welt und Gesellschaft in einer doppelten Codierungsperspektive anspricht (ansprechen kann);
- die spezifische Konkretisierung der Bildungskonzeption des Hessischen Weiterbildungsgesetzes mit – im Vergleich zu anderen Bildungsträgern – klaren Alleinstellungsmerkmalen.

Formal ist die Studie in vier Kapitel untergliedert. Im ersten Kapitel werden das Organisationsgefüge der evangelischen und katholischen Erwachsenenbildung im Hessen aufgezeigt, Spezifika der konfessionellen Bildungsarbeit benannt und ein Einblick in den quantitativen Umfang der Bildungsarbeit gegeben. Im zweiten Kapitel werden die Angebotsprofile von fünf Programmen – einzeln und vergleichend – beschrieben, die konkrete inhaltliche Ausgestaltung der Programme aufgezeigt und die Vielfalt an Veranstaltungsformaten, Themenfeldern, Methoden und Modi der Erarbeitung analysiert. Im dritten Kapitel werden die Weite des Erwachsenenbildungsbegriffs, Dimensionen des Menschenbildes, unterschiedliche Raum-Zeit-Konfigurationen sowie die doppelte Codierungsperspektive als Charakteristika konfessioneller Bildungsarbeit fokussiert. Kapitel vier verortet abschließend die konfessionelle Erwachsenenbildung im Kontext des Hessischen Weiterbildungsgesetzes. Im Anhang sind wichtige Tabellen und Übersichten zusammengefasst. Die Analyse schreitet insofern von der Beschreibung der institutionellen Rahmenbedingungen über die strukturiert-deskriptive Analyse der Programme bis hin zur abstrahierenden Fokussierung der spezifischen Eigenheiten konfessioneller Erwachsenenbildung voran.[3] Entsprechend variieren auch Detaillierungsgrad und Darstellungsmodus der einzelnen Kapitel.

---

3 In dieser zunehmenden Fokussierung und Abstrahierung der spezifischen Eigenheiten konfessioneller Erwachsenenbildung liegt der Erkenntnisgewinn der vorliegenden Arbeit, während die Studien von Gieseke und Gorecki (2000), Heuer und Robak (2000) sowie Fleige (2011) schwerpunktmäßig auf das Programmplanungshandeln, den Institutionen- und Zeitvergleich von Programmen bzw. auf die lernkulturelle Rahmung konfessioneller Erwachsenenbildung abzielen.

1 Institutionalstrukturen konfessioneller Erwachsenenbildung in Hessen

Die Institutionalstrukturen konfessioneller Erwachsenenbildung in Hessen sind komplex und nicht einfach zu beschreiben. Das folgende Kapitel gibt einen strukturierten Einblick in das Organisationsgefüge evangelischer und katholischer Erwachsenenbildung, nimmt eine erste Bestimmung der Spezifika konfessioneller Bildungsarbeit vor und beleuchtet die Umfangsbreite der geleisteten Arbeit. Der Fokus der Darstellung liegt schwerpunktmäßig auf der Erwachsenenbildungsarbeit in der Evangelischen Kirche in Hessen und Nassau und in der Diözese Limburg.

1.1 Organisationsgefüge der evangelischen und katholischen Erwachsenenbildung

Die geographische Reichweite der kirchlichen Bildungsarbeit in Hessen ist nicht deckungsgleich mit den politischen Landesgrenzen, da Landes- und Kirchengrenzen nicht übereinstimmen.

Die evangelische Erwachsenenbildung wird von drei Landeskirchen getragen, der Evangelischen Kirche in Hessen und Nassau (EKHN), der Evangelischen Kirche von Kurhessen-Waldeck (EKKW) und der Evangelischen Kirche im Rheinland (EKiR) (Kirchenkreise Wetzlar und Braunfels). In den einzelnen Landeskirchen existieren Arbeitsgemeinschaften für Erwachsenenbildung (EKHN, EKKW) bzw. ein Erwachsenenbildungsausschuss der evangelischen Kirchenkreise Wetzlar und Braunfels (EKiR). Alle Arbeitsgemeinschaften bzw. Ausschüsse haben sich zur Evangelischen Erwachsenenbildung Hessen (Ev. Landesorganisation) zusammengeschlossen.[4] Ihre Aufgaben sind Förderung, Koordination und Entwicklung der Erwachsenenbildung, Anregung, Beratung und Lobbyarbeit sowohl nach innen (Kirche) als auch nach außen (Landesregierung, Bildungspolitik). Über die Evangelische Landesorganisation und die Arbeitsgemeinschaften der Landeskirchen werden die finanziellen Zuschüsse des

---

4 Neben den Arbeitsgemeinschaften für das gesamte Kirchengebiet existieren auch regionale Arbeitsgemeinschaften, welche die Arbeit in den Dekanaten und Gemeinden unterstützen.

Landes für den Bereich der öffentlichen Erwachsenenbildung in evangelischer Trägerschaft abgewickelt (Hessisches Weiterbildungsgesetz, Hessischen Bildungsurlaubsgesetz).

Zentrales Organ der Erwachsenenbildung in der EKHN ist die *Arbeitsgemeinschaft für Erwachsenenbildung der Evangelischen Kirche in Hessen und Nassau*. Sie besteht aus regionalen Arbeitsgemeinschaften (u.a. Darmstadt-Stadt, Frankfurt, Rheinhessen, Rhein-Lahn) sowie überregionalen Einrichtungen, Verbänden (u.a. Verband Evangelischer Frauen), Werken (u.a. Diakonisches Werk Hessen-Nassau) und dauerhafte Initiativen, die schwerpunktmäßig Erwachsenenbildung betreiben. Die Arbeitsgemeinschaft hat eine eigene Satzung, in der u.a. Zweck, Mitgliedschaft und Organe der Arbeitsgemeinschaft definiert und beschrieben sind (vgl. Satzung 2007). Eingebettet und legitimiert ist die Arbeit durch die *Ordnung für Erwachsenenbildung in der EKHN*, in der Erwachsenenbildung in kirchlicher Trägerschaft begründet, ihr Aufgabenbereich spezifiziert und ihre organisatorische Verankerung in den Gemeinden, Dekanaten und regionalen Arbeitsgemeinschaften beschrieben werden (vgl. Ordnung 2007).

Entscheidenden Anteil an der Planung und Durchführung der Erwachsenenbildungsangebote haben sie sog. *Fach- und Profilstellen* in den Dekanaten (oder Dekanatszusammenschlüssen) im Handlungsfeld Bildung, Erziehung und Arbeit mit Zielgruppen. Hier organisieren hauptamtlich angestellte MitarbeiterInnen die konkreten Angebote entweder zentral für die jeweiligen Dekanate oder in Absprache mit den lokalen Gemeinden vor Ort. Auf Gemeindeebene sind es in der Regel Mitglieder des Kirchenvorstandes (Ehrenamtliche), die die Bildungsarbeit vor Ort organisieren.

Unterstützt wird die Arbeit in den Dekanaten durch das *Zentrum Bildung* in Darmstadt: konkret durch den Fachbereich Erwachsenenbildung und Familienbildung, der nach der Handlungsfelderverordnung der EKHN die Aufgabe hat, Kirchengemeinden, Dekanate, regionale Arbeitsgemeinschaft und die Gesamtkirche bei der Wahrnehmung ihrer fachlichen erwachsenenpädagogischen Aufgaben zu helfen.[5] Die Aufgaben des Zentrums liegen schwerpunktmäßig in der Beratung, in der Fort- und Weiterbildung für haupt-, neben- und ehrenamtliche MitarbeiterInnen, in der Förderung zielgruppenspezifischer Angebote sowie in der Interessenwahrnehmung der Erwachsenenbildung in kirchlichen und politischen Gremien (vgl. www.ebfb.zentrumbildung-ekhn.de).[6]

---

5   In der EKHN existiert eine ganze Reihe selbstständiger Zentren, die die Kirche in der Ausübung zentraler Funktionen unterstützen (sollen): so etwa die Zentren für Verkündung, für Bildung, für Seelsorge und Beratung, für Ökumene oder für Gesellschaftliche Verantwortung.
6   Eine weitere wichtige Institution ist die Ehrenamtsakademie, in der zentral und regional die Fortbildung der Ehrenamtlichen organisiert und durchgeführt wird.

In der Evangelischen Kirche von Kurhessen-Waldeck ist die Erwachsenenbildung ähnlich organisiert wie in der EKHN, allerdings findet eine größere Zentralisierung der hauptamtlichen Planungsarbeit im *Referat Erwachsenenbildung des Landeskirchenamtes* statt. Das Referat organisiert einerseits zentral ein offenes Weiterbildungsangebot und arbeitet andererseits den Dekanaten und Gemeinden vor Ort zu. Außerdem gibt es einen Stab von Referenten, die für je spezifische Themen in den Gemeinden gebucht werden können (für weitergehende Informationen vgl. www.ekkw.de/service/erwachsenenbildung/index.html).[7]

Auch in der katholischen Kirche sind die Grenzen der Diözesen nicht deckungsgleich mit den politischen Landesgrenzen. Im Bundesland Hessen sind die Diözesen Fulda, Limburg, Mainz und Paderborn (in unterschiedlicher Ausdehnung) aktiv. Entsprechend haben sich die Erwachsenenbildungseinrichtungen dieser vier Diözesen zur *Katholischen Erwachsenenbildung in Hessen* (KEB - Landesarbeitsgemeinschaft e. V.) zusammengeschlossen. Konkret gehören dazu: die Bildungswerke der Diözesen Fulda, Limburg, Mainz und Paderborn mit den angeschlossenen Einrichtungen, die Bildungswerke der Katholischen Verbände, die Katholischen Familienbildungsstätten, das Bonifatiushaus in Fulda sowie das Haus am Maiberg in Heppenheim. Die KEB - Hessen ist die nach dem Weiterbildungsgesetz (HWBG) anerkannte Landesorganisation, über sie wird die Katholische Erwachsenenbildung in Hessen nach dem HWBG gefördert und über sie läuft auch die Anerkennung von Maßnahmen des Bildungsurlaubs.

Zur genaueren Organisationsstruktur der katholischen Erwachsenenbildung wird im Folgenden exemplarisch das Bistum Limburg betrachtet. In der Diözese Limburg sind die Einrichtungen der Erwachsenenbildung im *Diözesanbildungswerk* zusammengefasst. Es besteht aus den Bildungswerken in den elf kirchlichen Bezirken, den Verbänden[8] und den Arbeitsgemeinschaften der Erwachsenenbildung in katholischer Trägerschaft im Bistum Limburg. Das Diözesanbildungswerk ist eine selbständige Einrichtung des Dezernates Bildung und Kultur und repräsentiert die Abteilung Erwachsenenbildung des Dezernates. Seine Aufgabe ist es, einerseits Grundlinien inhaltlicher, organisatorischer und methodischer Arbeit festzulegen, andererseits die Erwachsenenbildung auf Diö-

---

7   Zur Struktur der Erwachsenenbildungsarbeit in der Evangelischen Kirche im Rheinland vgl. www.ekir.de/www/handeln/erwachsenenbildung.php
8   Derzeit sind folgende Verbände Mitglieder: Ackermanngemeinde, action 365, Bund katholischer Männer und Frauen, Bund Neudeutschland, Bund katholischer Lehrerinnen, Familienbund der Deutschen Katholiken, Katholische Arbeitnehmer Bewegung, Katholischer Deutscher Frauenbund. Katholische Frauengemeinschaft Deutschlands, Katholische Landvolkbewegung, Katholisches Männerwerk, KKV - Katholiken in Wirtschaft und Verwaltung, Kolping Bildungswerk, Legio Mariae, Malteser Hilfsdienst, Marianische Männerkongregation, Pax Christi, Schönstattwerk, Verband der katholischen Lehrerschaft Deutschlands.

zesanebene und im (bildungs-)politischen Raum zu vertreten. Über das Diözesanbildungswerk werden zudem die Zuschüsse des Landes verteilt.[9]
Auf einer mittleren Ebene sind vor allem die *Bezirksbildungswerke* von Bedeutung. In ihnen planen und organisieren hauptamtlich angestellte MitarbeiterInnen flächendeckend für das gesamte Bistum die konkreten Angebote für die unterschiedlichen Zielgruppen. Die Programme sind relativ einheitlich aufgebaut und haben zumeist einen zentralen und dezentralen Veranstaltungsteil (zur genaueren Beschreibung der Programmstruktur vgl. Kapitel 2.1).
Von großer Bedeutung ist auch die dezentrale Arbeit in den Gemeinden. Der überwiegende Teil der Arbeit und des Engagements in der Erwachsenenbildung wird von mehreren hundert ehrenamtlichen örtlichen *Bildungsbeauftragten* getragen. Sie werden durch die Arbeit der Bezirksbildungswerke und der Verbände unterstützt.

1.2 Spezifika konfessioneller Bildungsarbeit

Kirchliche Bildungsarbeit sowohl in evangelischer als auch in katholischer Trägerschaft weist eine Reihe von Spezifika auf, die sich in der ausgeprägten Flächenorientierung und ehrenamtlichen Engagementstruktur, in der programmatischen Breite, Themenspezifik und Zielgruppenausrichtung sowie in der doppelten kirchlich-weltlichen Verweisungsstruktur dokumentieren.

Flächenorientierung und ehrenamtliches Engagement

Die Gemeinde als – nach wie vor prägende – kirchliche Flächenstruktur in Deutschland und Hessen hat eine große Bedeutung auch für die kirchliche Erwachsenenbildung. Die gemeindlichen Möglichkeiten vor Ort – sowohl in räumlicher wie auch in personeller Hinsicht – können für die Erwachsenenbildungsarbeit (mit-)genutzt werden, die dadurch faktisch eine starke ortsnahe und flächendeckende Ausrichtung erhält.[10] Dezentralität und flächendeckende Angebotsstruktur sind allerdings nur möglich durch die starke Einbindung ehrenamtlich engagierter Personen, sei es auf der Ebene der Kirchenvorstände (evangelisch), sei es durch die Institutionalisierung von Bildungsbeauftragten (katholisch). Die Nutzung ehrenamtlichen Engagements steigert dabei nicht nur den Lokalbezug und die unmittelbare – auch personale – Erreichbarkeit, sondern

---

9 Zur weiteren Information vgl. www.dioezesanbildungswerk.bistumlimburg.de.
10 Zur Präsenz der katholischen Erwachsenenbildung in Hessen vgl. www.keb-hessen.de/kebvorort.html.

ermöglicht eine orts- und lebensweltnahe Form der Bedarfs- und Angebotsplanung.

Programmatische Breite, Themenspezifik und Zielgruppenbezug

Kirchliche Erwachsenenbildung versteht sich als Nahtstelle von Mensch, Kirche und Gesellschaft und hat insofern eine Brückenfunktion inne (vgl. Oberbandscheid 2008, S. 1). Sie möchte Sach-, Qualifizierungs- und Orientierungswissen bieten und den Menschen bei der Suche nach Lebensorientierungen und Lebensgestaltungen helfen (vgl. Ordnung 2007, S. 32). Als werteorientierte und wertevermittelnde Instanz kreist ihre Arbeit insbesondere um die Pole Identität und Solidarität auf der Grundlage des Evangeliums. Die Anerkennung der Einzigartigkeit und Würde des Menschen sowie die Förderung authentischer und solidarischer Beziehungen bedeuten für die kirchliche Bildungsarbeit Aufmerksamkeit und Respekt für die Biographie des einzelnen Menschen und für das gemeinsame soziale Miteinander. Die Krisenhaftigkeit und Fragmentarität des Lebens geraten dabei ebenso in den Blick wie der generationenübergreifende Austausch und das solidarische gemeinschaftsorientierte Handeln (vgl. Bildungskammer 2008, S. 39).

Fundiert durch diese programmatischen Prämissen sind zentrale Themen kirchlicher Bildungsarbeit religiöse und theologische Bildung, Lebensformen, Geschlechter- und Generationsbeziehungen sowie politische Bildung und globales Lernen. Als besondere Zielgruppen werden vor allem Frauen, Männer, Familien, Ältere sowie unterschiedliche Ehrenamtsgruppen angesprochen (zur genaueren Spezifizierung von Themen und Zielgruppen vgl. Kap. 1.3, 2.1 und 2.2).

Doppelte Verweisungsstruktur

Kirchliche Bildungsarbeit ist schließlich durch eine doppelte Verweisungsstruktur gekennzeichnet: sie bezieht sich gleichermaßen auf Kirche und Gesellschaft, auf Religiöses und Weltliches, auf Innen und Außen. Diese bipolare Ausrichtung ermöglicht einerseits klare Abgrenzungen, andererseits aber auch fließende Übergänge, untergründige Verweisungsstrukturen und ein Changieren zwischen den Polen. In der Praxis sind Grenzen oft schwimmend und den Angeboten ist nicht immer zu entnehmen, auf welchen der beiden Pole sie sich fokussieren (zur doppelten Verweisungsstruktur vgl. auch Kapitel 3.4).

Diese Abgrenzungsproblematik zeigt sich vor allem bei Angeboten, die durch öffentliche Gelder bezuschusst werden und die daher ergebnisoffen und für alle zugänglich konzipiert werden müssen. Die Hilfestellungen und Erläuterungen seitens der kirchlichen Supporteinrichtungen verdeutlichen die Notwendigkeiten, aber auch Schwierigkeiten einer klaren Abgrenzung. Exemplarisch sei an dieser Stelle das Zentrum Bildung der EKHN erwähnt, das die Frage, ob religiöse Bildung auch öffentlich gefördert werden kann, folgendermaßen beantwortet:

> *„Prinzipiell können religiöse, theologische und ethische Bildungsangebote als förderfähig anerkannt werden, wenn sie sich an den Rahmen der Gesetzesvorlagen halten.*
> *Das heißt sie müssen:*
> - *öffentlich zugänglich sein (eine KV-Klausur ist z.B. keine öffentliche Bildungsveranstaltung)*
> - *öffentlich ausgeschrieben sein*
> - *ergebnisoffen sein*
>
> *Sie dürfen nicht:*
> - *allein der Stärkung der Mitarbeitenden im Glauben dienen*
> - *auf ein öffentliches Bekenntnis hinauslaufen (z.B. Taufkurse)*
> - *kontrovers diskutierte Fragestellungen eindimensional behandeln*
>
> *Aktuell stellt sich die Frage bei den angebotenen Kursen im Rahmen der EKD Initiative „Erwachsen Glauben". Keineswegs alle Kurse erfüllen von ihrer Intention und Ausrichtung die Kriterien der Evangelischen Erwachsenenbildung. Religiöse Bildung, die im Rahmen der Erwachsenenbildung angeboten wird, muss darauf zielen, die Lebensgestaltungskompetenzen der Menschen auf dem Feld der Religion zu erweitern. Es gilt die Menschen darin zu unterstützen, die persönlichen und gesellschaftsbezogenen Zusammenhänge zu reflektieren, sie zu beurteilen, darin zu handeln und Verantwortung zu übernehmen. Bildungs- bzw. Lernprozesse sind dabei subjektorientiert und ergebnisoffen zu gestalten. Das bedeutet, dass den Teilnehmenden eine eigene Positionierung zwischen Aneignung, Ausdifferenzierung und Ablehnung der jüdisch-christlichen Religion zugestanden wird. Als Anbieter sollte man prüfen, welche Standards eingehalten und welches Ziel das Angebot verfolgt.*
>
> *Erwachsenenbildungseinrichtungen würden beispielsweise keinen Glaubenskurs anbieten, bei denen das letzte Treffen eine religiöse Feier mit der Möglichkeit eines persönlichen Bekenntnisses (z.B. Taufe) vorsieht. Solche Angebote sind für Kirchengemeinden wichtig, gehören aber unseres Erachtens unbedingt gesondert gekennzeichnet und nicht in den Rahmen eines Kurses, der ein öffentliches Bildungsangebot sein will"* (www.ebfb.zentrumbildung-ekhn.de/1312.98.html).

1.3 Umfang

Was Umfang und Größenverhältnisse kirchlicher Erwachsenenbildungsarbeit angeht, so liegt auf Bundesebene die vom Deutschen Institut für Erwachsenenbildung erstellte aggregierte Verbundstatistik vor (vgl. Horn/Ambos 2012). Hier zeigt sich mit Blick auf das inhaltliche Veranstaltungsprofil, dass insbesondere gegenüber den Volkshochschulen die beiden Themengebiete Familie/Gender/Generationen und Religion/Ethik dominieren sowohl hinsichtlich der Veranstaltungszahlen als auch in Bezug auf Unterrichtsstunden und Teilnahmefälle. Deutlich unterrepräsentiert sind hingegen die Themenbereiche Sprachen und Arbeit/Beruf (vgl. ebd., Abb. 10-12, S. 25ff.).

Geht man von der hochaggregierten bundesweiten Ebene auf die konkrete Ebene der Bistümer und Landeskirchen, so ergeben sich deutlich detailliertere Auflistungen. Das Bistum Limburg unterscheidet etwa in seiner Statistik Einzelveranstaltungen (bis 8 Ustd.), mehrteilige Veranstaltungen und Kurse/Seminare mit Übernachtung (mindestens 12 Ustd.) nach Themenbereichen (vgl. die entsprechenden Tabellen im Anhang):

Themenbereiche	Einzelveranstaltungen		Mehrteilige Veranstaltungen		Kurse mit Übernachtung	
	Anzahl	%	Anzahl	%	Anzahl	%
Politik/Gesellschaft	375	28,47	61	16,99	35	33,02
Familie/Gender/Generationen	65	4,93	11	3,02	15	14,15
Religion/Ethik	555	42,14	82	22,84	46	43,40
Umwelt/Ökologie	14	1,06	0	0	0	0
Kultur/Gestalten	277	21,03	59	16,43	10	9,43
Gesundheit	21	1,59	76	21,17	0	0
Sprachen	0	0	60	16,71	0	0
Arbeit/Beruf	8	0,60	10	2,79	0	0
Grundbildung/Schulabschlüsse	2	0,15	0	0	0	0
Gesamtzahl	1.317	100,00	359	100,00	106	100,00

Abbildung 1: Veranstaltungen nach Themenbereichen und Veranstaltungstyp im Bistum Limburg für 2010[11]

Hier zeigen sich klare themenbezogene Clusterungen je nach Veranstaltungstyp. Bei den Einmalveranstaltungen dominieren Religion/Ethik, Politik/Gesellschaft

---

11 In der Statistik sind sowohl die förderungs- als auch nicht förderungsfähigen Maßnahmen zusammengefasst. Außerdem sind auch die Veranstaltungen der Familienbildungsstätten integriert.

und Kultur/Gestalten, kleinere Anteile haben noch Familie/Gender/Generationen, Gesundheit sowie Umwelt/Ökologie. Bei den mehrteiligen Veranstaltungen hingegen zeigt sich ein deutlich ausgewogeneres Bild. Hier sind fünf Themenfelder im zweistelligen Prozentbereich mit einem deutlichen Anteil von Sprachen und Gesundheit. Im Veranstaltungsbereich mit Übernachtung finden sich schließlich nur vier Themengebiete mit jeweils zwei Gruppengrößen (Religion/Ethik und Politik/Gesellschaft auf der einen sowie Familie/Gender/Generationen und Kultur/Gestalten auf der anderen Seite).

Die quantitativen Größenverhältnisse und Kennziffern mit Blick auf die einzelnen Veranstaltungstypen insgesamt ergibt folgendes Bild:[12]

Typ	V	U	U/V	T	T/V	Männer	%
Einmalig	1.317	5.188	3,93	35.753	27,15	11.936	33,38
Mehrteilig	359	9.096	25,34	6.156	17,15	1.653	26,85
Übernachtung	106	2.181	20,58	2.499	23,58	1.000	40,02

Abbildung 2: Größenverhältnisse der Veranstaltungstypen

Für die Evangelische Kirche in Hessen und Nassau liegen ebenfalls konkrete Zahlen vor. Allerdings unterscheidet die EKHN nur zwischen Veranstaltungen mit und ohne Übernachtung (vgl. Anhang):

Themenbereiche	Veranstaltungen mit Übernachtung		Veranstaltungen ohne Übernachtung	
	Anzahl	%	Anzahl	%
Politik/Gesellschaft	23	17,14	85	6,89
Familie/Gender/Generationen	21	15,67	433	35,14
Religion/Ethik	33	24,62	98	7,95
Umwelt/Ökologie	1	0,75	1	0,08
Kultur/Gestalten	35	26,12	214	17,37
Gesundheit	12	8,95	260	21,10
Sprachen	0	0	20	1,62
Arbeit/Beruf	9	6,72	121	9,82
Gesamtzahl	134	100,00	1.232	100,00

Abbildung 3: Veranstaltungen nach Themenbereichen und Veranstaltungstyp in der EKHN für 2010[13]

---

[12] V=Veranstaltung, U=Unterrichtsstunden, T=Teilnahme. Eine genaue themenbezogene Auflistung der Zahlen und Prozentsätze findet sich im Anhang.
[13] In der Statistik sind nur die förderungsfähigen Maßnahmen zusammengefasst. Eine umfassende Gesamtstatistik aller durchgeführten Maßnahmen wird nicht erhoben.

Auch im evangelischen Bereich zeigen sich deutliche prozentuale Verschiebungen je nach Veranstaltungstyp. Bei den Veranstaltungen mit Übernachtung finden sich deutlich höhere Prozentsätze (im Vergleich zu den Veranstaltungen ohne Übernachtung) in den Bereichen Politik/Gesellschaft, Religion/Ethik und Kultur/Gestalten und deutlich niedrigere Prozentsätze in den Bereichen Familie/Gender/Generationen und Gesundheit. In beiden Veranstaltungstypen sind Umwelt/Ökologie und Sprachen kaum vorhanden, der Bereich Grundbildung/Schulabschlüsse ist in der Statistik nicht einmal aufgenommen.

Der konfessionelle Vergleich ist etwas schwierig, da das Bistum Limburg eine dreifache Veranstaltungsdifferenzierung vornimmt gegenüber einer zweifachen im Bereich der EKHN. Auch die Grundgesamtheit der aufgenommenen Veranstaltungen unterscheidet sich und hat dadurch Auswirkungen auf die Profile.[14] Gleichwohl zeigen sich gemeinsame Themenschwerpunkte und Themenunterrepräsentanzen, wobei sich innerhalb der Schwerpunkte die jeweiligen Prozentsätze für die einzelnen Themen zwischen den Konfessionen deutlich unterscheiden (können). Beispielhaft sei dies gezeigt am gemeinsam ausgewiesenen Veranstaltungstyp ‚Kurse mit Übernachtung':

Themenbereiche	*EKHN*		*Bistum Limburg*	
	Anzahl	*%*	*Anzahl*	*%*
Politik/Gesellschaft	23	17,14	35	33,02
Familie/Gender/Generationen	21	15,67	15	14,15
Religion/Ethik	33	24,62	46	43,40
Umwelt/Ökologie	1	0,75	0	0
Kultur/Gestalten	35	26,12	10	9,43
Gesundheit	12	8,95	0	0
Sprachen	0	0	0	0
Arbeit/Beruf	9	6,72	0	0
Gesamtzahl	134	100,00	106	100,00

Abbildung 4: Vergleich der Themen und Prozentsätze bei den Kursen mit Übernachtung

Bei beiden Konfessionen sind die vier größten Themenblöcke identisch, allerdings mit großen Prozentvarianzen zwischen den einzelnen Themen. Umwelt/Ökologie und Sprachen sind bei beiden Konfessionen praktisch nicht vorhanden. Gesundheit und Arbeit/Beruf hat bei der EKHN eine Bedeutung im einstelligen Prozentbereich, während im Bistum Limburg beide Themenfelder in diesem Veranstaltungstyp nicht bedient werden. Auch bei den Vergleichswerten

---

14 Summe aus förderungsfähig und nicht förderungsfähig im Bistum Limburg und förderungsfähig bei der EKHN.

Unterrichtsstunden/Veranstaltung (23,19 EKHN; 20,58 Limburg) und Teilnehmer/Veranstaltung (21,03 EKHN; 23,58 Limburg) ist eine hohe Übereinstimmung zwischen beiden Konfessionen zu finden.

1.4 Zusammenfassung

Die Institutionalformen der kirchlichen Erwachsenenbildung sind eingebettet in die je spezifischen Strukturen der evangelischen Landeskirchen und katholischen Bistümer. Fach- und Profilstellen für Bildung auf Dekanatsebene (EKHN), zentrale Organisation durch ein Fachreferat (EKKW) und Bezirksbildungswerke mit flächendeckender Ausstrahlung (Bistum Limburg) sind unterschiedliche Institutionalisierungsformen, die zudem Unterstützung erfahren durch kirchliche Supportstrukturen (Ehrenamtsakademie, Zentrum Bildung, Spezialdienste der Kirche, etc.).

Kirchliche Erwachsenenbildungsarbeit ist stark geprägt durch ihren lokalen Bezug vor Ort (Gemeinden), durch die Mitnutzung der Gemeindestrukturen für die Erwachsenenbildungsarbeit und durch die Beteiligung ehrenamtlichen Engagements (Bildungsbeauftragte, Kirchvorstände). Kirchliche Bildungsarbeit sieht sich in einer Brückenfunktion zwischen Mensch, Kirche und Gesellschaft mit einer starken Werteorientierung. Das Individuum in seiner Würde und Einzigartigkeit sowie die Gemeinschaft und das solidarische soziale Miteinander sind zwei zentrale Bezugspunkte der Arbeit. Eine besondere Spezifik erhält kirchliche Bildungsarbeit durch ihre doppelte Verweisungsstruktur, die Kirche und Gesellschaft, Religiöses und Weltliches alternierend abgrenzen, aufeinander beziehbar machen oder sich changierend zwischen beiden Polen entfalten kann.

Im statistischen Vergleich sind die thematischen Alleinstellungsmerkmale kirchlicher Erwachsenenbildung vor allem Religion/Ethik sowie Familien/Gender/Generationen, gewichtige Themenbereiche sind zudem Politik/Gesellschaft, Kultur/Gestalten und Gesundheit. Das Themenspektrum und die entsprechenden Prozentanteile variieren stark nach Veranstaltungstyp.

2 Angebots- und Inhaltsprofil(e) konfessioneller Erwachsenenbildung

Angebots- und Inhaltsprofil(e) konfessioneller Erwachsenenbildung – wie der Erwachsenenbildung überhaupt – sind vornehmlich über Programmanalysen erschließbar und differenziert zu beschreiben. Das folgende Kapitel analysiert fünf Programme von Einrichtungen der konfessionellen Erwachsenenbildung in Hessen aus dem Jahre 2011: zwei Programme katholischer Bildungswerke der Diözese Limburg mit jeweils unterschiedlicher geographisch-regionaler Ausstrahlung (das Bildungswerk Westerwald-Rhein-Lahn als Beispiel einer ausgeprägt ländlichen Arbeits- und Angebotsstruktur und die Bildungswerke Wiesbaden, Rheingau und Untertaunus als Beispiel für den städtischen Bereich) sowie drei Programme evangelischer Erwachsenenbildungseinrichtungen aus zwei unterschiedlichen Landeskirchen: die evangelische Erwachsenenbildung Westerwald (ländlicher Bereich) und die evangelische Erwachsenenbildung der Stadt Darmstadt (städtischer Bereich) innerhalb der Evangelische Kirche in Hessen und Nassau sowie die Angebote des Referates Erwachsenenbildung im Dezernat Bildung des Landeskirchenamtes der Evangelischen Kirche von Kurhessen-Waldeck.[15]

Konfession	städtisch	ländlich	zentral
Evangelisch	Stadt Darmstadt	Westerwald	Dezernat Bildung/Ref. EB
	EKHN	EKHN	EKKW
Katholisch	Bildungwerke Wiesbaden, Rheingau und Untertaunus	Bildungswerk Westerwald-Rhein-Lahn	
	Diözese Limburg	Diözese Limburg	

Abbildung 5: Geographisch-konfessionelle Verteilung der fünf Programme

---

15 Die Auswahl erfolgte in Absprache mit den Auftraggebern der Studie (vgl. Anmerkung 1).

2.1 Strukturen und Angebotsprofile der Programme

Das folgende Teilkapitel gibt eine strukturelle Beschreibung der Programme mit Blick auf Veranstalter, inhaltliche Gliederung, Programmschwerpunkte, Zielgruppen, Referenten, etc. Die Beschreibung erfolgt für die evangelischen und katholischen Programme zunächst getrennt, um dann in einer Zusammenschau Gemeinsamkeiten und Differenzen herauszuarbeiten.

2.1.1 Evangelische Programme

Die evangelischen Programme, insbesondere innerhalb der EKHN, sind sehr unterschiedlich in ihrer Aufmachung, ihrem Umfang, in der Regelmäßigkeit ihres Erscheinens, etc. Die Existenz von Profilstellen für Bildung/Erwachsenenbildung in den jeweiligen Dekanatsstrukturen ist nicht durchgängig gegeben ebenso wenig wie das Vorhandensein von lokalen/regionalen Arbeitsgemeinschaften für Erwachsenenbildung als Service- und Unterstützungsstrukturen. Die beiden ausgewählten Programme aus dem ländlichen Raum Westerwald sowie aus dem städtischen Verdichtungsgebiet Darmstadt verfügen allerdings über derartige Strukturen. Eine andere Organisationsform und innerkirchliche Verankerung hat das Referat Erwachsenenbildung im Dezernat Bildung des Landeskirchenamtes der Evangelischen Kirche von Kurhessen-Waldeck, das als zentrale Serviceeinrichtung für das gesamte Kirchengebiet (zentral-dezentral) fungiert.

2.1.1.1 Ländlicher Raum Westerwald (EKHN)

Organisatorisch betreuen die beiden Dekanate Bad Marienberg und Selters mit insgesamt 33 Kirchengemeinden den ländlichen Raum Westerwald. Beide Dekanate haben jeweils eine halbe Stelle für Erwachsenenbildung eingerichtet und geben ein gemeinsames verantwortetes Jahresprogramm heraus. Die wichtigen Akteure haben sich in der Arbeitsgemeinschaft Evangelische Erwachsenenbildung Westerwald zusammengeschlossen.[16] Als Veranstalter treten im Programm neben den in der Arbeitsgemeinschaft zusammengeschlossenen Einrichtungen noch weitere kirchliche Stellen und Einrichtungen[17] sowie unterschiedliche lo-

---

16 Neben den beiden Dekanaten sind dies das Diakonische Werk im Westerwaldkreis, die Evangelischen Frauen in Hessen und Nassau e.V., das Zentrum für gesellschaftliche Verantwortung mit der Profilstelle für Gesellschaftliche Verantwortung im Evangelischen Dekanat Bad Marienberg, die Johanniter-Unfall-Hilfe e.V. Höhr-Grenzhausen sowie die Selbständige Evangelisch-Lutherische Kirchengemeinde Gemünden (SELK).
17 Kindergottesdienstbeauftragte, evangelische Jugendarbeit, evangelische Frauen im Dekanat Selters, Ehrenamtsakademie Westerwald, Religionspädagogisches Institut (RPI) Nassau, Lichtblick: Evangelischer Verein für Seelsorge und Lebensberatung in Montabaur.

kale Kirchengemeinden (u.a. Höchstenbach, Rennerod, Herschbach, Willmenrod, Dreifelden, Montabaur, Gemünden) auf. Die Veranstaltungen werden zum großen Teil dezentral in den verschiedenen Gemeinden durchgeführt.

Das Programm 2011 besteht aus insgesamt 76 Veranstaltungen, die im Inhaltsverzeichnis einerseits in numerischer Reihenfolge abgedruckt, andererseits in drei Bereiche untergegliedert sind: Der erste und größte Bereich mit insgesamt 52 Veranstaltungen umfasst ‚Themen, Vorträge, Seminare, Gesprächsabende'. Dieser Bereich ist noch einmal untergliedert in ganzjährige Veranstaltungsformate und sowie einmalige, mehrmalige oder kursförmig ausgestaltete Formate in kalendarischer Reihenfolge. Der zweite Bereich umfasst ‚Musik, Kultur, Kreativität' mit 12 Veranstaltungen, der dritte Bereich fokussiert ‚Fahrten, Bildungsreisen, Urlaubszeiten' mit ebenfalls 12 Veranstaltungen. Beide Bereiche sind in sich kalendarisch geordnet.

Inhaltliche Schwerpunkte sind neben Musik, Tanz und kreativem Gestalten sowie Reisen und Fahrten in verschiedenen Varianten vor allem Themen der religiösen und theologischen Erwachsenenbildung,[18] Fortbildungen für unterschiedliche kirchliche Dienste (Kirchenvorstand, Dekanatsvertreterinnen, Besuchsdienst, Arbeit mit Kindern/Jugendlichen) sowie lebenspraktische Themen (Schutz vor Straftaten, Erbangelegenheiten, Autowartung, Geldmanagement). Auffällig ist die große Zahl von Einzelveranstaltungen sowie von Fahrten/Reisen mit und ohne Übernachtung.

Angesprochene Zielgruppen sind schwerpunktmäßig Frauen[19] und Ehrenamtliche,[20] weniger häufig werden auch Ehepaare (Candlelight: Dinner für Ehepaare), Familien (Der Natur auf der Spur, Den Duft von Weihnachten schnuppern), Männer (Radtour für Männer) und Senioren (Entspannung und Erholung für Senioren an der Ostsee) adressiert.

Die Referenten entstammen einerseits dem Kontext der Kirche bzw. kirchlicher Organisationen (Pfarrer, Johanniter, Bildungsreferenten, Besuchsdienst, Studienleiterin RPI) oder professionellen Kontexten mit Blick auf spezifische Themen (Yogalehrerin, Gedächtnistrainerin, Familientherapeutin) und rekrutieren sich andererseits aus unterschiedlichen Berufs- und Lebensbereichen (Polizei, Autohändler, Finanzplaner, Notar, Stadtarchivarin, Chocolatier, etc.). Eine letzte Gruppe sind interessierte Laien aus der Gemeinde, insbesondere im Bereich Kunst und Gestalten.

---

18 Gottesdienste, Gottesdienstvorbereitungen, Bibelkreise, Veranstaltungen mit Blick auf die großen kirchlichen Feste, Glaubenskurse, Aktivitäten rund um den Weltgebetstag, etc.
19 Perlen des Glaubens: Katechismus für die Hände, Feuer und Flamme – Frauen auf pfingstlichen Wegen, Frauen lesen die Bibel, Aktion Lucia: Lichter gegen Brustkrebs, Lachyoga, Wartung, Rad- und Lampenwechsel, Internationaler Frauentreff, Fahrt für Frauen nach Freiburg.
20 Freikirchen im Westerwald, Damit die Räder ineinandergreifen, Godly Play Kennenlerntag: Glaube spielerisch entdecken, Umgang mit Störungen in der Gruppe.

2.1.1.2 Städtischer Raum Darmstadt (EKHN)

Die evangelische Erwachsenenbildung im Dekanat Darmstadt-Stadt mit 21 Gemeinden wird schwerpunktmäßig von der Arbeitsstelle Bildung/Evangelische Erwachsenenbildung betreut. Zentraler Veranstaltungsort ist Das Offene Haus mit Tagungsräumen, Foyers, einem Cafe, dem Kirchenladen Kirche & Co., etc. Veranstalter der Angebote sind vor allem kirchliche Einrichtungen unterschiedlicher Couleur: die im engeren Sinne dekanatsbezogenen Einrichtungen (Arbeitsstelle Evangelische Erwachsenenbildung, Stadtakademie, Kirche & Co., Arbeitsstelle Ökumene-Interreligiöses), Diakonie und Seelsorge (Diakonisches Werk, Alten-Kranken-Seelsorge, Schwerhörigen-Seelsorge, Behindertenseelsorge), die regionale Ehrenamtsagentur, zielgruppenspezifische Veranstalter (Evangelische Studentengemeinde, evangelische Frauen, Akademie 55+) sowie die Stadtkirchenarbeit (Stadtkirche) und weitere lokale Gemeinden.

Das Programm erscheint dreimal jährlich im Januar und August sowie als Sommerprogramm im Mai. Das Programmheft Januar-April 2011 kombiniert drei unterschiedliche Gliederungslogiken: spezifische Veranstaltungsformate (Diskussionsforen, Ausstellungen, Konzerte, Bildungsreisen), herausgehobene Veranstaltungsorte (Stadtkirche) sowie thematische Schwerpunkte (Religion-Gesellschaft-Kultur, Person-Familie-Beruf, Bewegung-Tanz-Meditation, Literatur, Ehrenamtliches Engagement). Insbesondere der thematische Schwerpunkt Religion-Gesellschaft-Kultur ist seinerseits noch einmal mit Blick auf die lokalen Gemeinden als Veranstalter untergliedert.

Inhaltliche Schwerpunkte sind einerseits Themenfelder akademisch-musisch-kultureller Prägung mit spezifischen Veranstaltungsformaten wie etwa Lyrische Matineen und Jazz, Gottesdienst- und Predigtreihen unter Einbezug von Persönlichkeiten des öffentlichen Lebens, akademisch geprägte Foren des interdisziplinären Gesprächs zwischen Theologie und Naturwissenschaften, politisch ausgerichtete Ausstellungen mit einem entsprechenden Begleitprogramm, Literaturseminare, Orgelkonzerte, etc., andererseits religiöse und theologische Themen (Bibelabende, Weltgebetstag, Ostern, Jesus Christus, Neutestamentliche Apokryphen, Christliche Formen der Meditation, Lebenskunst, etc.), Körperarbeit und kultureller Ausdruck (Fasten, Zen, Eutonie, Feldkrais, Muskelentspannung, Stimm- und Atemtraining, Tanzen, Schreiben, Erzählen) sowie Veranstaltungen für Ehrenamtliche (Information, Anwerbung, Qualifizierung).

Zielgruppen werden insgesamt weniger adressiert als im Westerwald, sind dafür aber stärker differenziert. So finden sich spezielle Angebote für Frauen (Weltgebetstag, Lebenskunst, Meine Stimme, Bewegungsfreude), Männer (Männer auf dem Weg/Gründonnerstag, Syrtaki), Paare (Liebe stärken, Erfahrbarer Atem für Paare), Familien (Familienaufstellung), Hörbehinderte (Lautsprach Begleitende Gebären), Trauernde (Mit der Trauer nicht alleine bleiben),

Senioren (Erzählcafe, Stätte der Begegnung) sowie Ehrenamtliche und Ehrenamtsinteressierte (Hospizarbeit, Seniorenbegleitung, Gewinnung von Ehrenamtlichen).

Referenten sind Personen aus dem Kontext der Kirche (Pfarrer, kirchliche Dienste, Klinik- und Behindertenseelsorge, Ehrenamtskoordinator) sowie Professionelle unterschiedlicher Couleur.[21] Prägend für Darmstadt sind darüber hinaus Wissenschaftler (Religion, Medizin, Literatur, etc.) und Künstler (Schriftsteller, Autoren, Maler, Musiker) ebenso wie Persönlichkeiten des öffentlich-kulturellen Lebens, die in die Gottesdienst- und Predigtreihe eingebunden werden (Redakteure, Intendanten, Schriftsteller, Manager, Philosophen, Richter, etc.).

2.1.1.3 Zentrales Angebot für gesamtes Kirchengebiet (EKKW)

Die Fachstelle Erwachsenenbildung im Dezernat Bildung des Landeskirchenamtes der Evangelischen Kirche von Kurhessen-Waldeck ist die zentrale Serviceeinrichtung der EKKW für den Bereich Erwachsenenbildung. Sie organisiert einerseits ein eigenes Programm im halbjährigen Turnus und arbeitet andererseits den dezentralen Initiativen/Gruppen vor Ort zu. Die Fachstelle unterhält einen auf unterschiedliche Themengebiete spezialisierten Referentenstab für die zentrale und dezentrale Arbeit. Gemeindeaktivitäten sind im Programmheft nicht abgebildet, diese werden ggf. über eigene Programme und Ankündigungsformate beworben ebenso wie Aktivitäten von lokalen Initiativen und Gruppen (Frauen, Altenarbeit).

Das Programm wird schwerpunktmäßig von der Fachstelle verantwortet und durchgeführt, für einzelne Veranstaltungen zeichnen weitere Einrichtungen der EKKW verantwortlich, wie etwa das Evangelische Bildungszentrum für die zweite Lebenshälfte (ebz) in Bad Orb oder die Familienerholungs- und Bildungsstätte Haus am Seimberg in Brotterode, die auch dort vor Ort durchgeführt werden. Des Weiteren finden viele Veranstaltungen zentral in Kassel statt, u.a. in der Kirchlichen Fort- und Ausbildungsstätte oder im Haus der Kirche.

Das Halbjahresprogramm 2011 (August bis Dezember) ist rein kalendarisch geordnet, ohne weitere formale oder inhaltliche (Unter-)Gliederungen. Inhaltliche Schwerpunkte sind Angebote im Themenspektrum Auszeit, Stille, Finden, Zur-Ruhe-Kommen, familien- und paarspezifische Themen sowie Angebote für die und in der Adventszeit. Großen Raum nehmen zudem die Fortbildungsaktivitäten für Ehrenamtliche ein, insbesondere die Arbeit mit älte-

---

21 Paartherapeuten, Atempädagogen, Paar- und Familientherapeuten, Krankengymnasten, Zenlehrerin, Eutonielehrerin, Feldenkraislehrerin, Diplompädagogin, Suvervisorin, Musik-, Tanzpädagogen.

ren Menschen. Ein wichtiger methodisch-inhaltlicher Akzent liegt bei vielen Angeboten in der Biographiearbeit, im (biographischen) Erzählen. Das Angebot ist stark zielgruppenorientiert. Insbesondere Ehrenamtliche (für Seniorenarbeit) und Multiplikatoren (Kinder-, Seniorenarbeit, Gemeinde) stehen im Zentrum, aber auch Männer (Männertag im Kloster Germerode, Zur Ruhe kommen) und Frauen (Zeit für mich, einen neuen Schritt zu gehen) sowie Paare, Eltern und Familien.[22] Vereinzelt gibt es auch Angebote für pflegende Familienangehörige (Zeit zum Leben), Führungskräfte und Unternehmensmitarbeiter ab 50 (Älterwerden im Unternehmen) und Senioren (Weihnachten im ebz).

Die Referenten entstammen entweder dem Team des Referats Erwachsenenbildung und sonstigen kirchlichen Institutionen (Pfarrer, Diplomreligionspädagogin, Gemeindepädagogin, Pastoralpsychologe) oder aus den entsprechend einschlägigen Berufsgruppen für Bewegung und Spiel (Pädagogen/Tanz- und Bewegungstherapeuten, Spiel- und Theaterpädagogen), für Paar- und Familienbildung (Biographieberaterin, Sozialpädagogin, Gestaltpsychotherapeutin, Familien- und Organisationsaufstellerin, Mediatoren), für Musik (Musikpädagogen, Kirchenmusikerin, Liedermacher, Musikproduzent, Sängerin/Gesangpädagogin) oder Kunst und Kultur (Kunsthistoriker, Kulturwissenschaftler, Autoren).

2.1.1.4 Synopse

Veranstalter

Die Veranstalter evangelischer Erwachsenenbildung sind vielfältig. Ihre organisatorische Ausdifferenzierung erfolgt entlang von Funktionen, Zielgruppen, Themen, Lebenslagen oder geographischen Räumen:

- Profilstellen/Fachstellen für (Erwachsenen-)Bildung, häufig in Kooperation mit weiteren Fachstellen/Beauftragten innerhalb der Dekanate: Gesellschaftliche Verantwortung, Interreligiöser Dialog, Jugendarbeit, Kindergottesdienstbeauftragte, etc.
- Weitere kirchliche Einrichtungen mit thematischer oder zielgruppenspezifischer Ausrichtung: Ehrenamtsagentur, Religionspädagogisches Institut, Diakonie, Johanniter, Seelsorge für Alte, Kranke, Schwerhörige, Behinderte, etc.

---

22 Mein Kind zieht nicht aus, Wenn Kinder aus dem Haus gehen, Miteinander weiter gehen – die Liebe neu entdecken, Was die Liebe lebendig hält, Im Samba-Rhythmus durch Brasilien, Licht leuchtet auf.

- Zentrale Bildungsstätten mit regionaler/überregionaler Ausstrahlung: Haus der Kirche, Offenes Haus, Stadtakademie, Familienfreizeitheim, Bildungszentrum
- Eigenständige Vereine mit zumeist zielgruppenspezifischer Ausrichtung: Frauen, Studenten, 55+
- Gemeinden vor Ort

Programme

Die Programme werden in unterschiedlicher Periodizität herausgegeben (jährlich, halbjährlich, trimesterbezogen). Gesichtspunkte, nach denen die Programme untergliedert werden, sind: kalendarische Reihenfolge, thematische Clusterungen, spezifische Veranstaltungsformate, Zentralität/Lokalität des Veranstaltungsortes. Zumeist werden unterschiedliche Gliederungsvarianten in den Programmen kombiniert. Inhaltsschwerpunkte der Programme sind religiöse/theologische Themen, Kultur/Tanz/Musik/Kreativität, Körpertechniken, Reisen, Fortbildung (für eine weitere detaillierte Analyse s. Kapitel 2.2). Häufig gibt es am Ende der Programme Register oder Anhänge zur weiteren Erschließung: Angaben zu Veranstaltern, herausgehobene Veranstaltungsorte, chronologisch-kalendarische Auflistung der Angebote, Adresslisten, etc.

Zielgruppen

Die Programme bieten ein breites Spektrum an generalisierter *und* zielgruppenspezifischer Ansprache. Häufig werden alle Personen (undifferenziert) angesprochen, ebenso häufig erfolgt eine Ansprache nach Geschlecht (Männer, Frauen), nach Alter (Senioren), nach Familienstand/Familienkonstellation (Paare, Paare ab 50, Eltern, Familien, Väter/Kinder; Großväter/Enkel), nach Ausbildungsgrad und Beschäftigungsstand (Studenten, Führungskräfte, Unternehmensmitarbeiter ab 50), nach spezifischen Lebenssituationen (pflegende Angehörige, Behinderte) und Krisenlagen (Trauernde, Kranke) sowie nach Funktionsträgerschaft (Ehrenamtliche und Multiplikatoren).[23]

Referenten

Die Referenten kommen aus unterschiedlichen kirchlichen und beruflichen Kontexten. Die *kirchlichen* Referenten entstammen entweder dem Gemeinde- oder Dekanatskontext (Pfarrer, Gemeindepädagogen, Bildungs- und Pastoralre-

---

23 Diese kann selbst wieder spezifiziert werden nach den unterschiedlichen Bereichen der Kirchenmusik, der Kirchenvorstandsarbeit, des Besuchsdienstes, der Seelsorge, der Seniorenarbeit, der Kinder-, Jugend- und Gottesdienstarbeit, etc.

ferenten) oder sind Mitarbeitende der unterschiedlichen kirchlichen Dienste (Klinik- oder Behindertenseelsorge, Ehrenamtskoordinatoren, Studienleiter RPI, etc.). Aus dem *akademisch-wissenschaftlichen* Kontext kommen – insbesondere in Darmstadt – Referenten, die als Professoren, Akademiker, Religionswissenschaftler, Mediziner, aber auch als Literaturwissenschaftler, Kunsthistoriker oder Kulturwissenschaftler tätig sind. Desweiteren rekrutieren sich die Referenten aus *bereichsspezifischen professionellen* Kontexten:

- Tanz, Bewegung, Gesundheit: Yoga-, Eutonie-, Zen- oder Feldenkraislehrer, Gedächtnistrainer, Atem-, Musik- und Tanzpädagogen, Tanz- und Bewegungstherapeuten, Krankengymnasten;
- Paar-, Eltern-, Familienbildung: Diplom-, Sozial- und Umweltpädagogen, Spiel- und Theaterpädagogen, Suvervisoren und Mediatoren, Paar-, Familien- und Gestaltpsychotherapeuten, Familien- und Organisationsaufsteller, Biographie- und Demographieberater;
- Literatur und Kunst: Literatur- und Kulturwissenschaftler, Kunsthistoriker, Autoren, Künstler;
- Musik: Musik- und Gesangspädagogen, Sänger, Liedermacher, Musikproduzenten, Kirchenmusiker.

Schließlich gibt es Laien und Berufsgruppen, die für spezifische Angebote zur Verfügung stehen: Im ländlichen Umfeld sind es Personen(gruppen), die eher alltagsweltliche Themen bedienen (Polizei, Notar, Finanzplaner, Autohändler, Stadtarchivar, Chocolatier, ec.), im städtischen Umfeld sind es häufig Persönlichkeiten des kulturellen und öffentlichen Lebens, die in spezifische Veranstaltungsformate eingebunden werden (Redakteure, Intendanten, Schriftstellerin, Wirtschaftschefs, Philosophen, Literaturwissenschaftler, Richter, Diakone, etc.).

Räume/Infrastruktur

Die räumliche Infrastruktur, die genutzt wird, ist komplex und besteht aus kirchlichen und nichtkirchlichen Räumen, Natur- und Kulturräumen, Pilger- und Missionswegen sowie speziellen Erinnerungsorten.

Die kirchlichen Räume bilden ein Ensemble aus unterschiedlichen Bereichen: Gemeindehäuser und zentrale Treffpunkte in den jeweiligen Dekanaten,[24] Häuser von spezialisierten Kirchendiensten,[25] zentrale Bildungsstätten (zumeist mit Übernachtungsmöglichkeiten),[26] Fortbildungsstätten der Kirche (Kirchliche

---

24 Haus der Kirche (Westerburg, Selters, Kassel), Offenes Haus (Darmstadt).
25 Haus der Seelsorge, Evangelische Studierendengemeinde, Diakonie.
26 Ebz, Haus am Seimberg, Evangelisches Freizeitheim, Ev. Jugendbildungsstätte Frauenberg

Fort- und Ausbildungsstätte Kassel), zentrale Stadtkirchen oder dezentrale Gemeindekirchen sowie Klöster und Abteien, die für Bildungsarbeit offen sind.[27]

Bei den nicht kirchlichen Räumen wird insbesondere im ländlichen Raum die örtliche Infrastruktur mit genutzt (Dorfgemeinschaftshäuser, ev. Grundschule) ebenso wie Vereinsgebäude oder – bei entsprechenden Angeboten – die Infrastruktur von Betrieben und Werkstätten (Autohaus). Insbesondere im städtischen Bereich wird darüber hinaus die kulturelle Infrastruktur (Museen) in Anspruch genommen.

Natur- und Kulturräume spielen vor allem bei Ausflügen, Exkursionen und Reisen eine entscheidende Rolle. Wälder (Westerwald), Naturschutzgebiete (Naturpark Soonwald-Nahe), Naturdenkmäler, Berge (Tirol), Meere (Ostsee), Städte, Kulturdenkmäler (Limburger Dom, Mainzer Synagoge), Regionen oder ganze Länder (Türkei, Baltikum) bilden ein Ensemble geographisch-infrastruktureller Möglichkeiten, die bei den reisebezogenen Angeboten variabel genutzt werden (können).

Pilger- und Missionswege stellen eine weitere spezifische Variante der Natur- und Kulturraumnutzung dar, wie etwa der Schwäbische Jakobsweg oder der Westerwälder Missionsweg.

Spezielle Gedenk- und Erinnerungsorte sind schließlich Friedhöfe, das Krematorium Dachsenhausen, die KZ Gedenkstätte Flössenburg oder das Schlachtfeld bei Verdun.

Zeiten

Bei den Veranstaltungszeiten wird die gesamte Bandbreite möglicher Zeitformen genutzt:

- Einmalveranstaltungen, als Kurzzeitveranstaltungen meist am Abend bzw. eingebettet in den sonntäglichen Vormittag (Predigt, Matinee) oder als Langzeitveranstaltungen am Vormittag, Nachmittag oder Ganztag;
- Reihen wie Predigtreihen (Glaube, Liebe Hoffnung), Gottesdienstreihen (Gerechtigkeit) oder Matineen, aber auch Bibelabende und Gesprächskreise;
- Kurse zu unterschiedlichen Themen, die zumeist eine Dauer von vier bis zehn Terminen aufweisen;
- Intensivveranstaltungen als zeitliche Blöcke (häufig kombiniert mit Übernachtung) am Wochenende oder auch unter der Woche (u.a. Fasten, Abschied und Neubeginn, Familien- und Persönlichkeitstraining);

---

27 Klosterkirche Lippoldsberg, Kloster Germerode, St. Bonifatius Kloster Hünfeld, Benediktiner Abtei Plankstetten.

- Feste Arbeitskreise, die sich mehrmals im Trimester oder Halbjahr treffen wie etwa der Islamisch-Christliche Arbeitskreis oder die Interkulturelle Tischgesellschaft;
- Regelmäßige Treffpunkte mit zum Teil ganzjährigen Angeboten für bestimmte Zielgruppen (Ältere, Schwerhörige), für bestimmte Themen (Tanz) oder im Kontext einer spezifischen Methode (Erzählcafe). Häufig sind die Angebote dieser regelmäßigen Treffpunkte nicht in den Programmen selbst mit aufgenommen, sondern es wird lediglich auf existierende Separatprogramme verwiesen;
- Reisen in den unterschiedlichen Varianten, von der Tagesexkursion bis hin zu zehntägigen Reisen.

2.1.2 Katholische Programme

Die Halbjahresprogramme der sieben Bildungswerke der Diözese Limburg mit eigenständigem Programm weisen ein einheitliches Layout auf. Unterschiede gibt es in der internen Gliederung[28] sowie in der Ausgestaltung der Anhänge (Umfang, Listen). Von den sieben Programmen werden im Folgenden zwei genauer porträtiert, die einerseits einen ländlichen, andererseits einen städtischen kirchlichen Einzugsbereich versorgen.[29]

2.1.2.1 Ländlicher Raum: Bildungswerk Westerwald-Rhein-Lahn

Das Bildungswerk Westerwald-Rhein-Lahn vertritt die katholische Erwachsenenbildung in den ländlichen Bezirken Rhein-Lahn und Westerwald. Es wird von einem hauptamtlichen Team geleitet und organisiert die Angebote in den Bezirken zusammen mit den Gemeinden vor Ort.

Veranstalter der Angebote sind vor allem das Bildungswerk oder die lokalen Gemeinden bzw. Gemeindegruppen, die entweder als Alleinveranstalter auftreten oder die Angebote in gemeinsamer Verantwortung betreuen. Daneben tritt das Bildungswerk auch als Mitveranstalter zusammen mit anderen kirchlichen Einrichtungen – wie etwa die Theologische Hochschule Vallendar oder das Amt für katholische Religionspädagogik in Montabaur – auf. Die Caritas betreut – ebenfalls als Alleinveranstalter – einen eigenen Schwerpunkt, nämlich Angebote für kranke oder psychisch belastete Menschen und deren Angehörige. Prägend für das Programm und seine Verantwortung sind die vielen lokalen Gemeinden und Gemeindeinitiativen wie Seniorenkreise, Frauengemeinschaften, Senioren-

---

28 Insbesondere in der Gliederung des zentral verantworteten Teils, der thematisch, alphabetisch oder in einer kombinierten Form untergliedert sein kann.
29 Eine Liste der Inhaltsprofile der sieben Bildungswerke findet sich im Anhang.

und Frauengemeinschaften, die Kolpingfamilien vor Ort, Familienkreise, die katholischen öffentlichen Büchereien sowie eine große Anzahl ökumenischer (Frauen-)Gruppen.

Das Programmheft erscheint zweimal jährlich und ist in sich zweigeteilt in einen ersten zentralen Teil und einen zweiten, nach Bezirken und Pastoralen Räumen gegliederten lokalen Teil. Der zentrale Teil ist seinerseits alphabetisch nach Themen[30], herausgehobenen Veranstaltungen (Öffentlichkeitsarbeit und Medien, Ökumenische Veranstaltungsreihe) sowie eigenen Veranstaltern (Amt für Katholische Religionspädagogik, Caritas) geordnet. Ein ausführlicher Anhang ermöglicht zudem eine schnelle personen-, adress- oder inhaltsbezogene Orientierung (Auflistung der Seniorenkreise, der Bildungsbeauftragten, der Orte und Pastoralen Räume, Chronologisches Veranstaltungsverzeichnis, Stichwortverzeichnis).

Inhaltliche Schwerpunkte des Programms sind religiös-theologische Erwachsenenbildung, Gesundheitsbildung und Körpertechniken mit hohem prophylaktischem Anteil sowie eine große Anzahl heimat- und landeskundlicher Veranstaltungen. Weitere Schwerpunkte sind Tanzen/Singen, Beschäftigung mit Literatur, Pflege, kulturelle Praxis, Alphabetisierung und Deutsch als Zweitsprache, Reisen sowie Fortbildung der Ehrenamtlichen. Auffällig ist, dass in den einzelnen Gemeinden deutliche inhaltliche Schwerpunktsetzungen existieren, häufig durch das Engagement einzelner Aktivisten (etwa im Bereich PC, digitale Fotobearbeitung, Alphabetisierung, etc.).

Zielgruppen sind breit gefächert. Die Angebote zielen auf Männer (Kochkurs), Frauen (Frauenfrühstück, Weltgebetstag) und Ältere,[31] auf wissenschaftlich (Vor-)Gebildete (Akademietage, Treffpunkt Theologie), auf Analphabeten und Migrantinnen (Alphabetisierung, Deutsch als Zweitsprache), auf pflegende Angehörige, Kranke und psychisch Belastete (Caritas) sowie auf Ehrenamtliche und pastorale Mitarbeiter (Kirchenführung, Leitung von Seniorenkreisen, Einsatz von Medien).

Die Referenten haben einerseits eine klare kirchlich-akademische Verortung (Professoren, Studienleiter, Angehörige der Philosophisch-theologischen Hochschule Frankfurt, Theologen, Patres) bzw. entstammen dem kirchlichen Kontext (Pfarrer, Gemeindereferenten, Mitarbeiter des Amtes für Religionspädagogik, Diakone, etc.) oder sind andererseits in unterschiedlichen beruflichen

---

30 Akademietage, Alphabetisierungskurse, Deutsch als Zweitsprache, Fortbildung für Ehrenamtliche, Frauenbildung, Gesundheitsbildung, Literatur-Kunst, Theologie, Weltgebetstag der Frauen.
31 U.a. Gedanken zur Fastenzeit, Gymnastik, Yoga, Osteoporoseprophylaxe, Bewegung, Muskel- und Gelenktraining, Brandschutzaufklärung, Sicherheit, Wohnen im Alter, heimatkundliche Vorträge.

Kontexten beheimatet.[32] Auffällig oft werden Referenten ohne weitere Berufs- oder Qualifikationsangabe genannt.

2.1.2.2 Städtischer Raum: Bildungswerke Wiesbaden, Rheingau und Untertaunus

Die Bildungswerke Wiesbaden, Rheingau und Untertaunus organisieren die katholische Erwachsenenbildung in den drei Bezirken Wiesbaden, Rheingau und Untertaunus. Trotz organisatorischer Selbstständigkeit haben die drei Bildungswerke eine gemeinsame Geschäftsführung und geben auch ein gemeinsames Programm heraus.

Veranstalter der Angebote sind die katholischen Bildungswerke, die lokalen Gemeinden und der in Wiesbaden beheimatete Hospizverein. Vereinzelt treten auch weitere katholische Einrichtungen als Veranstalter auf (u.a. africa/aktion, Sozialdienst katholischer Frauen, Initiative Kirche und Kultur). Häufig werden die Veranstaltungen zusammen mit kirchlichen Partnern (katholisch, altkatholisch, evangelisch)[33] und Partnern im nicht kirchlichen Bereich (Erwachsenenbildung, Kultur, Film, Theater, Politik, etc.)[34] durchgeführt. Diese partnerschaftlich getragenen Veranstaltungen dienen insbesondere der Nutzung von Synergieeffekten bei der Teilnehmergewinnung im Bereich der allgemeinen, kulturellen und beruflichen Erwachsenenbildung.

Das Programmheft erscheint zweimal jährlich und besteht aus drei Teilen: dem Angebotsteil, der rein thematisch gegliedert ist und sich insofern von anderen katholischen Programmheften mit ihrer Zweiteilung in thematische und geographische Gliederung unterscheidet[35]; dem Anhang mit Adresslisten der Vorstände der Bildungwerke, der Pfarreien und Bildungsbeauftragen in den drei Bezirken, der Kooperationspartner und der Katholischen Bildungsstätte Wiesbaden; den Indizes mit separaten Verzeichnissen für Veranstalter, Veranstaltungschronologie, Referenten und Stichworten.

---

32 Sozialpädagoge, Mediatorin, Kunsthistorikerin, Multiplikatorin für Natürliche Empfängnisverhütung, Physiotherapeutin, Ernährungsberaterin, Apothekerin, Kriminaldirektor, Diplomingenieur für Vermessungstechnik.
33 Rhabanus Maurus Akademie, Katholische Familienbildung, Caritas, Altkatholiken, Evangelische Erwachsenenbildung in Wiesbaden, das Pfarramt für Ökumene im ev. Dekanat Wiesbaden, Evangelische Frauen.
34 VHS Wiesbaden, Volksbildungswerk, Kulturamt Wiesbaden, Caligari Filmbühne, Theatergemeinde, Büro für staatsbürgerliche Frauenarbeit, DRK, Wiesbadener Netzwerk für Trauerbegleitung, Akademie für Ältere.
35 Thematische Schwerpunkte des Programmheftes sind: Theologie-Philosophie-Glauben; Soziale Verantwortung; Theater-Film-Literatur; Lebensgestaltung-Lebensorientierung; Kunst-Exkursionen-Reisen-Museumsbesuche; Fortbildung-Qualifizierung-Bildungsurlaub.

Inhaltlich liegt ein starker Akzent des Programms auf der theologisch-philosophischen Erwachsenenbildung sowie auf Angeboten zur kulturellen Bildung (Theater, Film, Literatur, Kunst, Reisen, Museen, Exkursionen, etc.). In diesem Bereich wird auch die kulturelle Infrastruktur in Wiesbaden/Frankfurt (Museen, Film, Theater) intensiv genutzt. Ein weiterer Schwerpunkt des Programms besteht in der Trauerarbeit und Sterbebegleitung durch die Angebote des Hospizvereins. Fortbildungen für Ehrenamtliche sowie Angebote der beruflichen Bildung runden das inhaltliche Spektrum ab.

Die Zielgruppen sind breit'gefächert, wenngleich auch das Programm insgesamt weniger zielgruppenspezifisch ausgerichtet ist als im ländlichen Bereich.[36] Die zielgruppenspezifischen Angebote beziehen sich auf Frauen (Stimmbildung, Knigge heute), Frauen ab 50 (Alt werden, na und), Trauernde,[37] Paare (Gesprächstraining, Lebendige Partnerschaft), ältere Menschen (Gymnastik, Bildungsreise), Migranten (Integrationskurse) und Ehrenamtliche (Hospizhelferinnen, Altenseelsorge, Jugendhilfe, Kirchenführung, Kulturführerschein).

Die Referenten entstammen den unterschiedlichsten kirchlichen und professionellen Kontexten. Im kirchlichen Bereich sind es Priester, Patres und Mönche, Referenten aus unterschiedlichen Bereichen (theologische Erwachsenenbildung, Pastoral, Gemeinde, Frauenbildung und Spiritualität, 3./4. Lebensalter), aber auch Krankenhausseelsorger oder Spezialisten für bestimmte Methoden (Bibliodramaleiter). In den unterschiedlichen inhaltlichen Bereichen finden sich Professionelle aus:

- Musik und Stimmbildung: Tonmeister und Kirchenmusiker, Sozialpädagogin/Natural Voice Trainerin, Stimmbildnerin;
- Familien- und Paarbildung: Paar- und Eheberater, Kommunikationstrainer, Psychologen, Psychotherapeuten, Heilpädagogen, Sozialpädagogen;
- Trauerbegleitung: Trauerbegleiter, Bestatter;
- Bewegung/Gesundheit: Gymnastiklehrerin, Tanztherapeutin, Tanzlehrerin, Fastenbegleiterin;
- Literatur und Kunst: Buchautor, Schauspieler, Literaturwissenschaftler, Germanisten, Kunsthistoriker, Journalist, Publizist, Ikonenmalerin;
- Reisen: Historiker, Diplomgeograf und Bergführer,
- Berufliches Training: Unternehmerin, Diplom-Verwaltungswirtin.

---

36 Möglicherweise sind in das Programm die Aktivitäten der fest etablierten Gruppen (Frauenkreise, Altenclubs, etc.) nicht aufgenommen.
37 U.a. Begleitung trauernder Kinder, Begleitung von Trauernden, Gruppe für Trauernde, Tod, Abschied, Verlust: Gruppen für Trauernde, Trauer, Leben, Neubeginn: Angebote für Menschen in Trauer, Trauercafe: lass Deiner Trauer Zeit.

2.1.2.3 Räume und Zeiten

Das Raumensemble, das für die katholische Erwachsenenbildung genutzt wird, ist vielfältig. Das Geflecht der kirchlichen Räume besteht aus den zentralen Geschäfts- und Konferenzräumen der Bezirksbildungswerke, den Gemeindehäusern, Pfarrzentren und zentralen gemeindlichen Begegnungsstätten, den lokalen Gemeindekirchen mit ihrer gemeindlichen Infrastruktur (katholische Jugendheime, katholische öffentliche Büchereien) sowie den zentralen katholischen Bildungs- und Exerzitienhäusern bzw. Klöstern.[38]

Insbesondere im ländlichen Bereich werden auch die Einrichtungen der Kommune (Gemeindehaus, Kindergarten, Schule, Seniorenbegegnungsstätte, Bürgerhaus) sowie gastronomische Lokalitäten (Hotel Krone, Weinhaus Treibs) genutzt. Im städtischen Bereich kommt die kulturellen Infrastruktur hinzu (Filmbühne, Theater, Künstlerateliers, Schirn, Museum Wiesbaden, Museum für Kommunikation, Städel). Im Kontext von Reisen sind Natur- und Landschaftsräume (Thüringen, Spessart, Schottland) sowie Städte und Kulturdenkmäler (Dresden, Mainz, München, Worms, etc.) von Bedeutung.

Mit Blick auf die Zeitformate werden ebenfalls unterschiedlichste Varianten genutzt: Einmalveranstaltungen (Kurzzeit, Langzeit), Reihen ((Totengedenken, Literatur, Brennpunkt Religion), Mehrfachtreffen (Bibelkreise, Frauenfrühstück), Kurse mit bis zu zehn Treffen und von unterschiedlicher Zeitintensität (Integrationskurse, Deutsch als Fremdsprache, Kurse der Caritas) sowie Kompaktveranstaltungen teils mit, teils ohne Übernachtung (Freizeiten, Reisen, Studienfahren, Bildungsurlaube, Fahrrad-Exerzitien).

2.1.3 Zusammenfassung

Die Programme der evangelischen und katholischen Erwachsenenbildung unterscheiden sich in ihrer formalen Aufmachung deutlich, in ihrer inhaltlichen Ausrichtung nur in Nuancen. Formal sind die Programmhefte der evangelischen Erwachsenenbildung weniger einheitlich strukturiert und zwar sowohl in ihrem äußeren Erscheinungsbild als auch in ihrer internen Gliederung. Inhaltlich werden in allen Programmen ähnliche Schwerpunkte gesetzt, die sich in Umfangsbreite und konkreter inhaltlicher Ausrichtung allerdings unterscheiden. Für die einzelnen Programme sind neben der kirchlichen Erwachsenenbildung (Profilstellen, Bildungswerke) die Inhaltsprofile der weiter im Programmheft versammelten Anbieter prägend, die – wie etwa die Caritas oder der Hospizverein –

---

38 U.a. Haus Marienfried, Hofheim Exerzitienhaus, Kloster Frauenberg, Kloster Jakobsberg, Kloster Maria Hilf, Bildungshaus Schmerlenbach (Spessart), Bildungshaus Kloster Tiefenthal.

Teilen des Programms eine je spezifische Ausrichtung geben. Was in den katholischen Programmen stärker dominiert, ist die präventiv ausgerichtete Gesundheitsbildung sowie die Häufung von Einzel(dia)vorträgen – zumeist in Seniorentreffs – mit heimatkundlicher und religiös-besinnlicher Prägung. In allen Programmen können insbesondere bei den lokalen Veranstaltungen in den Gemeinden einzelne engagierte Aktivisten klare Schwerpunkte setzen (eine genauere inhaltliche Akzentuierung findet sich in Kapitel 2.2).

Neben den inhaltlichen Unterschieden gibt es auch deutliche Stadt-Land-Differenzen. In den städtischen Programmen zeigt sich konfessionsübergreifend ein breiteres Spektrum an kirchlichen Einrichtungen, die bei der Programmausgestaltung beteiligt sind, es gibt eine größere Breite an (auch akademisch gebildeten) Referenten, eine größere Zielgruppenspezifik ist vorhanden und die – in weitaus größerem Maße vorfindliche – kulturelle Infrastruktur des städtischen Raums (Museen, Theater, etc.) wird deutlich stärker in die Programmangebote integriert. Im ländlichen Raum dominieren hingegen – ebenfalls konfessionsübergreifend – Einzelveranstaltungen in etablierten Kreisen (Frauen, Senioren), die Einbeziehung lebenspraktischer Themen, die stärkere heimatkundliche Betonung der Vorträge und Exkursionen sowie die Nutzung der dörflichen Infrastruktur (Gebäude, Hotels, Schulen, Gemeindehäuser).[39]

In allen Programmen fällt das breite Netz von Referenten aus kirchlichen Einrichtungen und spezialisierten einschlägigen Berufsgruppen sowie von Laien in exponierter Stellung oder im alltäglichen Lebensraum auf. Die räumliche Infrastruktur ist ebenfalls breit gefächert unter Einbezug einer Fülle an kirchlichen, örtlich-lokalen und landschaftlich-geographischen Räumen, die meistens mit je spezifischen Veranstaltungsformaten gekoppelt werden. In allen Programmen werden schließlich die unterschiedlichsten Zeitformate genutzt, so dass auch in zeitlicher Hinsicht eine starke Angebotsdifferenzierung vorhanden ist.

2.2 Inhaltliche Ausgestaltung der Programme

Im folgenden Teilkapitel wird die inhaltliche Ausrichtung der Programme genauer untersucht. Grundlage der Analyse sind die in den Programmen aufgelisteten Veranstaltungsankündigungen mit einem Gesamtkorpus von ca. 450 An-

---

39 Zum Zielgruppenbezug konfessioneller Erwachsenenbildung vgl. exemplarisch Prömper 2003 und Mulia 2011. Zum (komplementären) Verhältnis von Erwachsenenbildung und Gemeindepädagogik vgl. Bubmann u.a. 2012.

kündigungen.[40] Bei der Analyse geht es allerdings nicht um statistische Häufigkeitsverteilungen mit Blick auf bestimmte Themen, sondern um die differenzierte inhaltliche Beschreibung der Programme nach Themenclustern. Die Analyse erfolgt wiederum getrennt nach evangelischen und katholischen Programmen, um dann in der Zusammenschau Gemeinsamkeiten und Differenzen genauer herauszuarbeiten.[41]

2.2.1 Evangelische Programme

Trotz der je eigenen inhaltlichen Profilierung der drei untersuchten evangelischen Programme gibt es deutliche Überschneidungen bei Themen und Inhalten. Die folgende Tabelle zeigt die thematische Clusterung der drei Programme sowie die Häufigkeit, mit der die Themen in den Programmen auftauchen:[42]

(Inter-)Religiös-theologische EB	Künstlerisch-kreatives Wirken
Religiöse EB (3)	Musik/Singen (3)
Theologische EB (3)	Kunst und Kirche (2)
Interreligiöse EB (3)	Literatur/Schreiben (2)
	Filzen, Nähen, Basteln (1)
Allgemeine, politische und lebenspraktische EB	*Ausstellungen (2)*
Allgemeine und politische EB (3)	
Lebenspraktische Themen (1)	
(Intergenerationale) Beziehungsbildung	*Reisen (3)*
Paar- und Familienbildung (3)	
Trauer/Trennung (2)	
Behinderung/Pflegende Angehörige (2)	
Bewegung und Entspannung	*Fortbildung der Ehrenamtlichen (3)*
Bewegen/Tanzen (3)	
Entspannung/Körperarbeit (3)	

Abbildung 6: Ausrichtung und Häufigkeit der Themenbereiche in den evangelischen Programmen

---

40 Die evangelischen Programme umfassen 182 Ankündigungen (Westerwald 76, Darmstadt 73, Referat Erwachsenenbildung 33), die katholischen Programme 272 (Wiesbaden, Rheingau, Untertaunus 90, Westerwald-Rhein-Lahn 182). Dabei werden die Reihenveranstaltungen nur einmal gezählt/ausgewertet, so dass die Gesamtanzahl der Veranstaltungen in den Programmheften z.T. deutlich höher liegt.
41 Zu den verschiedenen Inhaltsbereichen konfessioneller Erwachsenenbildung im Allgemeinen und entsprechenden konzeptionellen Überlegungen vgl. etwa Pohl-Patalong 2003 und Englert/Leimgruber 2005.
42 Eine Drei in Klammern bedeutet das Vorhandensein in allen drei Programmen, eine Zwei die Existenz in zwei Programmen, eine Eins ein Vorkommen in nur einem Programm.

Die insgesamt acht in den Programmen identifizierten Themenbereiche werden in ihren inhaltlichen Angebotsvarianten im Folgenden kurz charakterisiert:

(Inter-)Religiös-theologische Erwachsenenbildung
Bei der *religiösen Erwachsenenbildung* gibt es sehr unterschiedliche Angebotsformen, die sich durch die Art und Intensität ihrer konkreten religiöspraktischen Einbindung deutlich voneinander unterscheiden. So werden in den Programmen Gottesdienste mit je spezifischen Ausrichtungen angekündigt: durch ihre herausgehobene Interpunktion im Kirchenjahr (Adventsgottesdienst), durch ihre thematische Fokussierung (Gerechtigkeit: Psalmenauslegung; Glaube, Hoffnung, Liebe), durch eine spezifische atmosphärische Gestaltung (besinnlich-meditativ) oder durch die Einbettung in eine (gesundheits-)politische Aktion (Brustkrebs). Des Weiteren gibt es Bibelabende, die inhaltlich allerdings meist nicht weiter konkretisiert werden. Es finden sich themenbezogene Auseinandersetzungen mit dem Glauben, insbesondere mit Blick auf das Kirchenjahr und die herausgehobenen christlichen Feste (Advent/Weihnachten, Fasten, Gründonnerstag, Ostern, Pfingsten) sowie mit Blick auf Glaubenskrisen und Glaubensvergewisserungen (Perlen des Glaubens). Schließlich beinhalten die Programme Angebote der systematischen Auseinandersetzung mit dem Glauben (auf religiöser Grundlage) (Alphakurs 2011: Warum Gott nicht einfach Kennenlernen). Und nicht zuletzt gibt es Themen der Selbstfindung und des Selbstausdrucks innerhalb einer mehr oder weniger klaren religiösen Rahmung. Hier prägt der Ort (Kirche, Kloster) als räumlich-spiritueller Rahmen die inhaltliche Ausrichtung der Veranstaltung (Männertag im Kloster, Singen/Tanzen in der Klosterkirche), ohne sie bereits auf klare christliche Inhalte festzulegen (sie aber auch nicht auszuschließen).

Die Angebote der *theologischen Erwachsenenbildung* setzen sich in informativ-distanzierte(re)r Form mit Fragen des Glaubens auseinander. Dabei sind die Übergänge bzw. Abgrenzungen zur religiösen Erwachsenenbildung nicht immer trennscharf. Zwei größere thematische Blöcke lassen sich in diesem Segment unterscheiden: einerseits die Auseinandersetzung mit biblisch-theologischen Fragen wie Gottesbilder, Figuren aus dem Alten Testament (Abraham), Jesus Christus (als theologische Fachinformation) oder Neutestamentliche Apokryphen, andererseits die Thematisierung unterschiedlicher Formen spiritueller/religiöser Praxis (Christliche Formen der Meditation, Lebenskunst). Eine spezielle – ökumenisch ausgerichtete – Veranstaltungsreihe widmet sich dem Totengedenken.

Die *interkonfessionelle und interreligiöse Erwachsenenbildung* weist ganz unterschiedliche Facetten auf: so etwa die Beschäftigung mit regionalen Freikirchen (Freikirchen im Westerwald), mit Christenverfolgungen auf der Welt oder mit Partnergemeinden in Südafrika und deren spezifischer Spiritualität. Ein besonderer Akzent liegt auf der Beschäftigung mit dem Judentum in allgemeiner Form (Geschichte des Judentums, Geschichte der Juden), in der Porträtierung herausgehobener Persönlichkeiten (Martin Buber) oder im Besuch jüdischer Kult- und Versammlungsstätten (Neue Mainzer Synagoge). In ökumenischer Perspektive sind vor allem die Aktivitäten rund um den Weltgebetstag zu nennen, die ein Ensemble ganz unterschiedlich ausgerichteter Formate beinhalten (Vorbereitungstreffen, Aktionen, Werkstätten, Vorträge, etc.).

Allgemeine, politische, lebenspraktische Erwachsenenbildung

Eine große Anzahl von Veranstaltungen (zumeist Einmalveranstaltungen oder Reihenveranstaltungen) befasst sich mit Themen der *allgemeinen und politischen Erwachsenenbildung:* so etwa Veranstaltungen im Grenzgebiet von Naturwissenschaft und Theologie (Hirnforschung, Biotechnologie), Veranstaltungen zu gesellschaftlichen Zukunftsfragen (Präimplantationsdiagnostik, Religion, Internet, Schönheitschirurgie, Kulturelles Erbe, Klimaschutz/Ernährungssicherheit), zu Behinderung, Ökologie oder zu politischen Themen (u.a. Strategien zur Überwindung von Kinderarmut, Flüchtlingsfrage und Konflikt in Palästina/Israel, Neun Jahre Intervention in Afghanistan, Hindu-Nationalismus, Zivilcouragetraining).

Eine Reihe von Veranstaltungen – gerade im ländlichen Raum – beschäftigt sich zudem mit *lebenspraktischen* Themen, die vom Schutz vor Straftaten über den Umgang mit Geld/Vererben bis hin zu Wartung, Rad- und Lampenwechsel reichen.

(Intergenerationale) Beziehungsbildung

Die *paar- und familienbezogenen* Angebote sind auf einzelne Familienmitglieder, auf Paare oder die Eltern-Kind-Beziehung ausgerichtet. Einzelpersonen im Kontext der Familie werden etwa durch Veranstaltungen wie Familienaufstellungen adressiert.[43] Paarbezogene Veranstaltungen thematisieren Fragen der Liebe (Liebe stärken, Was die Liebe lebendig hält), des Miteinander-Umgehens (Geben und Nehmen in der Partnerschaft), der Neuentdeckung der Partnerschaft (Miteinander weiter gehen), aber auch des Nachdenkens über Partnerschaft im Rahmen kulinarischer Genussfreude (Candlelight – Dinner für Ehepaare: Essen, Reden, Denken). Eltern-Kindbezogene Angebote lassen sich danach unterscheiden, ob die Eltern-Kind-Beziehung selbst Thema der Veranstaltung ist (Mein Kind zieht nicht aus, Wenn die Kinder aus dem Haus gehen) oder ob die Ange-

---

43 Zusammenhänge sichtbar machen, Wege aufzeigen, Frieden schließen, auszusöhnen.

bote die verschiedenen Generationen innerhalb der (Groß-)Familie (Väter/Kinder, Großeltern/Enkel) zusammenbringen möchten. Im Kontext der Paar- und Familienbildung sind auch längere Freizeiten, Reisen oder Blockveranstaltungen angesiedelt.

Bei den Angeboten zu *Trennung und Trauer* geht es um Fragen der Gemeinschaftsbildung (Mit der Trauer nicht alleine bleiben) wie um Möglichkeiten der produktiven Verarbeitung (Trennung überwinden). Eine Sonderform bildet die ökumenische Reihe Totengedenken in Vergangenheit, Gegenwart und Zukunft, in der auf vier Veranstaltungen[44] institutionalisierte Formen des Totengedenkens bearbeitet werden.

Die Veranstaltungen zu *Behinderung* fokussieren den Beitrag von Christen und Kirche (Leben mit Behinderung) bzw. bieten einen Erholungs- und Reflexionsraum für pflegende Angehörige (Zeit zum Leben).

Bewegung und Entspannung

Bei *bewegungs- und tanzbezogenen* Veranstaltungen lassen sich unterschiedliche Konstellationen ausmachen: Angebote, bei denen Tänze kennengelernt werden sollen (Internationale Tänze, Salsakurs), Veranstaltungen, bei denen Tanz und Körperausdruck ein Medium für persönliche und spirituelle Entwicklungsarbeit darstellen (Meditatives Tanzen, Singen und Tanzen, Rock my soul), Angebote, bei denen Tanz und Bewegung mit Literatur, Lyrik oder Übungen verbunden werden (Tanz und Lyrik) oder zielgruppenspezifische Veranstaltungen wie etwa Syrtaki als Ausdruck männlicher Freiheit und Lebensfreude.

Auch im Bereich von *Entspannung und Körperarbeit* sind vielfältige Varianten anzutreffen, die Prävention, Selbsterkundung oder spirituelle Einkehr betonen. So werden etwa fastenzeitbezogene Veranstaltungen angeboten, bei denen Fasten als Auszeit und Abstandfindung zum Alltag mit Überlappungen zu spirituellen Themen verstanden wird (Fasten, körperliche-spirituelle Pilgerreise). Des Weiteren ist ein großes Arsenal an Veranstaltungen auszumachen, die Körpertechniken und körperbezogenen Übungen zum Inhalt haben (Zen, Meditation, Eutonie, Lachyoga, Feldenkrais, progressive Muskelentspannung, Atem) und mit der Körperarbeit Wahrnehmungs- und Einfühlungsschulung betreiben. Schließlich sind Entspannungsübungen im Kontext komplexer Arrangements zu nennen, bei denen Körperarbeit verbunden wird mit Gesprächsrunden, Übungen, Bewegung, Eigenaktivität, Stille, etc. (Zur Ruhe kommen, Zeit für mich, um einen neuen Schritt zu gehen). Nicht zuletzt sind Veranstaltungen zu erwäh-

---

44 Zwischen Tod und Friedhof, 10.000 Jahre Grabkultur: Führung durch Ausstellung der BUGA, Totendenken und Grabkultur im Limburger Dom, Besuch des Rhein-Taunus Krematoriums Dachsenhausen.

nen, die der Prophylaxe und Gesundheitsvorsorge dienen (Stressbewältigung, Gedächtnistraining).

Künstlerisch-kreatives Wirken

Die *musikalischen Aktivitäten* lassen sich in rezeptive, aktive und übungsbezogene Veranstaltungen unterteilen. Weit verbreitet sind traditionelle kirchenmusikalische Veranstaltungen wie Musik- oder Orgelkonzerte, manchmal auch verbunden mit Lesungen oder Ansprachen. Darüber hinaus gibt es Aktivitäten, die das eigene Musikmachen in den Vordergrund stellen (Samba-Rhythmus durch Brasilien)[45] oder die sich dem Training der eigenen Stimme widmen (Stimmtraining, Vokaltraining).

Die Veranstaltungen zu *Kunst und Kirche* beziehen sich auf die künstlerischen Darstellungsformen innerhalb kirchlicher Räume (Kirche, Gemeindezentrum) oder betreffen die Kirche als Ganzes (Dialogische Kirchenerkundung). Auch sind Veranstaltungen zu finden, die Kunst als religiöse Ausdrucksform thematisieren.

Die *literarischen* Angebote beziehen sich entweder auf Formen des eigenen Schreibens (Meditatives Schreiben, Literarische Schreibwerkstatt) oder behandeln literarische Texte zu bestimmten Themen (Blaue Blume, Sätze der Sehnsucht Bücherschätze). Eine Sonderstellung nimmt das Erzählcafe ein, das im Medium von Mündlichkeit (biographische) Geschichte aktualisiert.

Näh- und Bastelarbeiten betreffen vor allem die künstlerische Bearbeitung von Ostereiern (Kratztechnik), das Nadelfilzen sowie das Nähen und Basteln mit Blick auf Weihnachten.

Ausstellungen

Ausstellungen finden sich ebenfalls im Angebotsspektrum evangelischer Erwachsenenbildung, die häufig mit anderen Veranstaltungsformaten wie Vorträge oder Filme flankiert werden. Die Ausstellungen fokussieren entweder politisch-soziale Themen in anderen Ländern (Flucht und Vertreibung der Palästinenser, Lebenslagen von Kindern in Brasilien, Innocent Afghanistan) oder haben kirchlich-religiöse Themen zum Inhalt (Erlebnisraum Bibel). Eine Sonderstellung nimmt der Missionsweg Nord-Nassau ein, der als religiöser Naturlehrpfad bezeichnet werden kann (mit einem entsprechenden Begleitheft).

---

45 Mitgezählt sind hier nicht die vielfältigen Aktivitäten der kirchlichen und gemeindlichen Chorpraxis, die in den Veranstaltungsprogrammen der evangelischen Erwachsenenbildung üblicherweise nicht auftauchen.

Reisen

Die Reiseangebote umfassen ebenfalls eine große Variationsbreite mit kulturellen, kirchlichen, spirituellen, geselligen oder sportlichen Schwerpunkten. So gibt es Eintagesausflüge zu spezifischen Orten des Gedenkens (Friedhöfe, Krematorien, Konzentrationslager, Schlachtfeld von Verdun), mehrtägige Studien- und Bildungsreisen (Baltikum, Nord- und Südzypern, Türkei, Herder in Weimar), Pilgerfahrten (Schwäbischen Jakobsweg) sowie Reisen zu den Kirchentagen, Fahrten, bei denen Urlaub, Erholung und Geselligkeit im Vordergrund stehen, Natur- und Wanderfahrten mit heimatkundlichem Akzent (Entdeckungstour im Westerwald, Der Natur auf der Spur, Wanderer- und Bergfreizeit in Tirol) oder zielgruppenspezifische Angebote (Fahrt für Frauen nach Freiburg, Radtour für Männer).

Fortbildung der Ehrenamtlichen

Das Angebotsspektrum für die Fortbildung von Ehrenamtlichen ist ebenfalls in allen Programmen groß. So gibt es Informations- und Anwerbeveranstaltungen für Interessenten (Hospiz, Arbeitsloseninitiative), Schulungsveranstaltungen zur Gewinnung und Begleitung von Ehrenamtlichen (Ehrenamtlich Mitarbeitende gewinnen und begleiten) sowie längere Qualifizierungskurse für Ehrenamtliche in bestimmten Bereichen (Ehrenamtliche Seniorenbegleitung, Fernstudium Lebendig Lernen). Daneben gibt es eine große Anzahl zielgruppenspezifischer Angebote für die Arbeit mit Älteren,[46] für die Arbeit mit Kindern[47] und für die Arbeit im Kirchenvorstand (Propsteitreffen der ev. Frauen für Dekanatsvertreterinnen, Damit die Räder ineinandergreifen). Schließlich sind Angebote zu erwähnen, die konkrete Methoden und Handreichungen für spezifische Bereiche (Mediation, Besuchsdienst, Erste Hilfe, Feste) vermitteln wollen.[48]

2.2.2 Katholische Programme

Die beiden katholischen Programme sind einerseits mit Blick auf Themenausrichtung und Inhaltsprofilierung relativ identisch, andererseits gibt es auch große Überschneidungen mit den evangelischen Programmen. Die folgende Auflistung zeigt die thematische Ausrichtung der beiden katholischen Programme:

---

46 U.a. Silberschmiede Kassel, Biographisches Arbeiten mit Älteren, Ü60 Gruppenarbeit leicht gemacht.
47 U.a. Godly Play Kennenlerntag: Glaube spielerisch entdecken, Mama, ist Oma jetzt tot? Mit Kindern über Tod und Sterben reden, Umgang mit Störungen in der Gruppe.
48 Eine Auflistung aller Themenbereiche samt inhaltlicher Kurzcharakterisierung findet sich im Anhang.

(Inter-)Religiös-theologische Erwachsenenbildung	
Religiöse EB Theologische EB Interreligiöse EB	Religiöse EB Theologische EB Interreligiöse EB
Allgemeine, politische, lebenspraktische Erwachsenenbildung	
Allgemeine und politische EB Lebenspraktische EB	Allgemeine und politische EB
(Intergenerationale) Beziehungsbildung	
Pflege[49]	Partnerschaft Trauer/Sterben/Hospiz Alter/Altwerden
Bewegung und Gesundheit	
Gesundheit/Körpertraining Tanzen	Gesundheit Tanzen
Künstlerisch-kreatives Wirken	
Kulturelle EB (Praxis, Selbsttun) Singen Literatur	Stimmbildung Literatur Kunst/Museum Theater-Film
Berufliche Bildung	
	Berufliche Bildung
Alphabetisierung/Grundbildung	
Deutsch als Fremdsprache	Integrationskurse
Reisen	
Reisen	Reisen
Fortbildung für Ehrenamtliche	
Fortbildung für Ehrenamtliche	Fortbildung für Ehrenamtliche

Abbildung 7: Thematische Ausrichtung der katholischen Programme

Die neun Themenbereiche werden in ihren inhaltlichen Angebotsvarianten im Folgenden kurz charakterisiert:

(Inter-)Religiös-theologische Erwachsenenbildung

Bei der *religiösen Erwachsenenbildung* gibt es ganz unterschiedliche Angebotsformen, die sich in ihrer zeitlichen, inhaltlichen und methodischen Ausrichtung z.T. deutlich voneinander abgrenzen. Ein großer Teil von Veranstaltungen be-

---

49 Im Programm Westerwald/Rhein-Lahn ist die Familienbildung nicht mit aufgenommen, so dass Themen der Paar- und Familienbildung daher nicht präsent sind. Auch für den Raum Wiesbaden gibt es ein eigenes Familienbildungsprogramm, gleichwohl sind im Programmheft Wiesbaden/Rheingau/Untertaunus Themen der Paarbildung enthalten.

schäftigt sich mit Gedanken und Reflexionen zur Fastenzeit, zur Karwoche und zum Aschermittwoch. Ebenso finden sich allgemeine Reflexionen – häufig unterstützt durch Dias oder Bildmeditation – über den Glauben (Reichtum des Glaubens, Wurzeln des Glaubens) oder zu konkreten Glaubensinhalten (Maria, die Mutter Bottes, Jesus, der gute Hirte, Vom Sinn des Bittgebetes, Neues Gespür für Engel). Ein besonderer methodischer Zugang stellt das Bibliodrama zu Sonntagstexten der Liturgie dar. Ein weiterer Akzent liegt in der Beschäftigung mit Figuren der Bibel und der Kirchengeschichte (Frauen im AT: Eva, Sara, Miriam; St. Antonius Eremit). Frauen- und Gesprächskreise kombinieren gesellige Abende oder kulinarische Anlässe (Frühstück) mit Glaubensgesprächen (Gleichnisse und Wunder Jesu, Thomas, der Ungläubige), Vorträgen oder meditativen Abendspaziergängen (Hildegard Gesprächskreis). Des Weiteren gibt es systematische (kursförmige) Auseinandersetzungen mit dem Glauben (Glaubenskurs für Erwachsene, Glaubenskurs Neu anfangen), mit der Bibel bzw. Bibeltexten,[50] mit Fragen der Kirche (Einführung in die Ekklesiologie) oder der Kirchenmusik (Kirchenlieder auf der Spur). Schließlich finden sich auch intensive Blockveranstaltungen (mit Übernachtung) für biblische Besinnungstage, Exerzitien oder die Beschäftigung mit den Wundern Jesu (für Ältere).

Angebote der *theologischen Erwachsenenbildung* organisieren Austauschtreffen über theologische Fachfragen auf akademischem Niveau (Treffpunkt Theologie) oder behandeln Themen, welche die biblische Symbolik und Mythik betreffen.[51] Ein weiterer Schwerpunkte ist die – kritische, historische oder aktualisierende – Auseinandersetzung mit biblischen Figuren (u.a. Teresa von Avila, Hildegard von Bingen), aber auch mit religionsbezogenen Fragen der Kunst (Ikonen, Krippen), der Geschichte (Geschichte der Kreuzzüge), der Armut (Der Prophet Amos ganz aktuell) oder des Pilgerns (Jakobus und die Pilgerreise).

Mit Blick auf den *interreligiösen Dialog* sind neben der – vereinzelten – Beschäftigung mit jüdischen (Juden in der Geschichte von Mainz) oder kultstättenbezogenen (Interreligiöse Rundgänge: Synagoge, Kirche, Moschee) Fragen insbesondere ökumenische Bibelwochen (Epheserbrief) oder Exerzitien sowie Veranstaltungen zum Weltgebetstag der Frauen zu nennen.

Allgemeine, politische, lebenspraktische Erwachsenenbildung

Eine große Anzahl von Veranstaltungen (zumeist Einzelveranstaltungen) beschäftigt sich mit Themen der allgemeinen und politischen Erwachsenenbil-

---

50 U.a. Das Matthäusevangelium, Kohelet, Was sagt uns die Bibel heute, Osterbotschaft - Alttestamentliche Texte erschließen.
51 Kosmologie und Schöpfungstheologie, Wahrheiten biblischer Mythen, Wundergeschichten Jesu als literarische Gattung.

dung. Das Themenspektrum ist dabei recht breit und umfasst Fragen über Sexualität (Kirche und Sexualität, Natürliche Empfängnisregelung), Themen des Umweltschutzes (Umweltschutz und Klimawandel, Europäische Umweltnormen im Vergleich), Aspekte der Integrationsarbeit (Erfahrungen mit Migranten, Tandem Deutsch-International. Ein interkulturelles Projekt),[52] aber auch Einführungen in Computer- und Bildbearbeitungsprogramme. Ein weiterer Themenschwerpunkt sind landes- und heimatkundliche Vorträge sowohl über fremde Länder und Regionen als auch über die eigene Heimat.[53] Schließlich gibt auch eine Reihe von Veranstaltungen, die lebenspraktische Themen zum Gegenstand haben.[54]

(Intergenerationale) Beziehungsbildung

Die *paarbezogenen* Veranstaltungen fokussieren vor allem Angebote, die kommunikativen Trainingscharakter haben oder die auf die kirchliche Eheschließung vorbereiten. *Pflegebezogene* Informationsabende und Kurse (Caritas) betreffen insbesondere Themen zu Hauskrankenpflege sowie zu Alter und Pflege oder beinhalten Angebote für psychisch belastete Menschen (Gesellschaftsspiele, Kegeln). *Trauer- und sterbebezogene* Veranstaltungen (Hospizverein) umfassen ein weites Spektrum an allgemeinen Informationsveranstaltungen,[55] an zielgruppenspezifischen Angeboten (Wenn ein Familienmitglied stirbt, Begleitung trauernder Kinder), an methodischen Akzentuierungen (Trauercafe: lass Deiner Trauer Zeit) oder an Angeboten zur Begleitung unterschiedlichster Gruppen von Trauernden.[56]

---

52 Das Tandem-Projekt ist ein Großprojekt, das in Wiesbaden die Katholische Erwachsenenbildung, die Evangelische Erwachsenenbildung, die Volkshochschule und die Stadt Wiesbaden gemeinsam tragen. Dabei geht es um den Austausch in kleinen Gruppen von 4-6 TeilnehmerInnen mit Menschen aus aller Welt. Im Programmheft 1/2011 sind insgesamt 18 Gruppen angekündigt.
53 U.a. Naturaufnahmen aus unserer Region, Heimatgeschichten im Hohen Westerwald, Der Westerwald, Die Mosel, Heimische Orchideen.
54 Brandschutzaufklärung für Senioren, Sicherheit, Schutz vor Straftaten, Lageplan und Grundstückswert für jedermann, Unfälle im Haushalt, Kompetenznetzwerk Wohnen im Alter.
55 Wie kommen Menschen Mit Krankheit, Leiden und Sterben zurecht?, Hospizarbeit und ambulante Palliativversorgung, Mensch sein – bis zuletzt: ambulante Unterstützung und Begleitung, Seelsorge, Krisenbegleitung bei Hirntod und Organentnahme.
56 U.a. Gruppe für Trauernde, Tod, Abschied, Verlust: Gruppen für Trauernde; Trauer, Leben, Neubeginn: Angebote für Menschen in Trauer; Mit Menschen austauschen, Verständnis für das eigene Erleben, Kraft für die Gestaltung von Zukunft.

Bewegung und Gesundheit

Mit Blick auf *Gesundheit und Körpertraining* gibt es drei große Bereiche. Zum einen existieren Angebote für Yoga in den unterschiedlichsten Variationen: für Anfänger oder Fortgeschrittene, für Senioren oder Frauen, als reine Gymnastik oder mit Meditation, als Einführungs-, Aufbau- oder Intensivangebot. Die Untertitel der Veranstaltungen signalisieren dabei auch die jeweilige eher körperbezogene oder eher spirituelle Ausrichtung.[57] Ein zweiter Schwerpunkt sind Kurse zur Osteoporose- und Sturzprophylaxe wie z.B. Rücken- und Wirbelsäulengymnastik, Gymnastik und Bewegung oder Muskel-, Gelenk- und Kreislaufübungen. Auch hier zeigen die jeweiligen (Unter-)Titel die Ausrichtung der Kurse an: Leben in Balance, Fit im Alter, Aktiv gegen..., Bewegung ist Leben, Fundament erfolgreichen Alterns oder Verbesserung der allgemeinen Befindlichkeit. Ein dritter – allerdings nicht so ausgeprägter – Schwerpunkt umfasst unterschiedlichste Angebote zum Heilfasten, zum Abnehmen, zur Ernährung allgemein, aber auch zu Gedächtnistraining und Demenzvermeidung. Auch *tanzbezogene* Angebote gibt es in den unterschiedlichen Varianten: meditativ, gesellig, gesundheitsprophylaktisch oder therapeutisch.

Künstlerisch-kreatives Wirken

Im Bereich der *kulturellen* Erwachsenenbildung (kulturelle Eigenpraxis) stehen insbesondere Angebote des Kochens, Malens und Handarbeitens im Vordergrund. Mit Blick auf das *Singen* sind zielgruppenspezifische Angebote zu verzeichnen (Singnachmittag für Ältere), aber auch Kurse zur Sing- und Stimmbildung für den gesanglichen und den beruflichen Kontext.[58] Im Bereich der *Literatur* findet man Angebote, bei denen die Lektüre von und das Gespräch über Romane(n) im Vordergrund stehen – z.T. mit klaren theologischen Bezügen – oder die sich als literarische Vorlese- und Gesprächsabende charakterisieren lassen. *Theater- und Filmangebote* nutzen die städtische Infrastruktur (Wiesbadener Filmgespräche) oder werden gemeinsam mit der Theatergemeinde Wiesbaden veranstaltet. *Kunst- und museumsbezogene* Veranstaltungen finden sich ebenfalls vor allem in Wiesbaden, wo Atelierbesuche bei Wiesbadener Künstlern oder Besuche von Museen und Ausstellungen organisiert werden.[59]

---

57 Körper-, Atem-, Entspannungsübungen; Steigerung der Konzentration und Leistungsfähigkeit; Übungen im Sitzen, Übungen auch in tiefen Positionen; Bodyfitness für Körper, Geist und Seele; Atem ist Leben; Die Lotusblüte; Zu einem Gefühl tiefsten Friedens und Harmonie; Wie innen so außen.

58 Die Macht der Sprache, Stimme einsetzen, Stimmbildung für Sing- und Sprechstimme, Eine feste Stimme braucht einen guten Stand: schauspielerische Persönlichkeitsarbeit für Frauen.

59 Courbet: ein Traum von der Moderne; Das Geistige in der Kunst: Expressionismus; Dialog im Stillen: Museum für Kommunikation.

Ein weiterer Schwerpunkt ist die Veranstaltungsreihe Kunst und Religion im Museum Wiesbaden.

Berufliche Bildung

Im Bereich der beruflichen Bildung gibt es vor allem zielgruppenspezifische Angebote für Frauen im Bereich Kommunikation, Knigge heute und Networking. Etliche Angebote der Stimmbildung sind auch dem Bereich der berufsbezogenen Bildung zuzurechnen.

Alphabetisierung/Grundbildung

Die Angebote im Bereich der Grundbildung beziehen sich alle auf Veranstaltungen für Deutsch als Fremdsprache in unterschiedlichen Varianten: ohne Grundkenntnisse, mit Grundkenntnissen, mit sehr guten Grundkenntnisse, für Frauen, etc.

Reisen

Reiseveranstaltungen gibt es ebenfalls in unterschiedlichen Varianten: als Tagesreisen (Mainz, Worms, München), als Studien- und Bildungsreisen (Die goldenen 50er Jahre, Schottland, Dresden und die Literatur), als zielgruppenspezifische Reisen (Bildungsreise für Ältere) oder als Fahrten mit religiösem Inhalt (Auf den Spuren des Hl. Franziskus, Beg & Bike: Fahrradexerzitien in Thüringen).

Fortbildung für Ehrenamtliche

Im Kontext der Fortbildung für Ehrenamtliche lassen sich unterschiedliche Bereiche deutlich abgrenzen. So gibt es allgemeine Weiterbildungsmöglichkeiten für Ehrenamtliche (praktisches Konzentrationstraining). Es finden sich Fortbildungen zur Aktivierung und Leitung in bestimmten Bereichen: Aktivierung für Gottesdienste ohne Priester (Oremus: Fastenzeit und Marienandachten), Leitung von Seniorenkreisen oder Fortbildungen im Kulturbereich (Rhein-Main-Kulturführerschein). Des Weiteren werden Qualifizierungen für Kirchenführungen angeboten ebenso wie für den Einsatz von Medien im Kindergarten. Schließlich sind Schulungen für spezifische Bereiche zu erwähnen wie etwa die Hospizhelferinnenschulung (Einführung in die Sterbebegleitung), die Fortbildung in der Altenseelsorge (Verwirf mich nicht, wenn ich alt bin) oder die Schulung im Kontext wirkungsorientierter Jugendhilfe.[60]

2.2.3 Zusammenfassung

Stellt man die Themenfelder der evangelischen und katholischen Erwachsenenbildung nebeneinander, so ergibt sich folgendes Bild:

Evangelische Programme	Katholische Programme
Religiöse EB Theologische EB Interreligiöse EB	Religiöse EB Theologische EB Interreligiöse EB
Allgemeine und politische EB Lebenspraktische Themen	Allgemeine und politische EB Lebenspraktische Themen
Paar- und Familienbildung Trauer/Trennung Behinderung/Pflegende Angehörige	Paarbildung Trauer/Sterben/Hospiz Alter/Altwerden/Pflege
Bewegen/Tanzen Entspannung/Körperarbeit	Bewegen/Tanzen Gesundheitsprophylaxe
Musik/Singen Kunst und Kirche Literatur/Schreiben Filzen, Nähen, Basteln	Stimmbildung (berufliche Bildung) Kunst/Museum Literatur Kulturelle Praxis Theater/Film
	Stimmbildung Berufliche Bildung
	Integrationskurse Deutsch als Fremdsprache
Ausstellungen	
Reisen	Reisen
Fortbildung der Ehrenamtlichen	Fortbildung der Ehrenamtlichen

Abbildung 8: Thematische Clusterung der kirchlichen Programme

---

60 Eine Auflistung aller Themenbereiche samt inhaltlicher Kurzcharakterisierung findet sich im Anhang.

Die synoptische Aufstellung zeigt die enorme inhaltliche Übereinstimmung der evangelischen und katholischen Programme, was die großen Themenfelder betrifft. Die drei Ausnahmen sind die Bereiche Deutsch als Fremdsprache und Berufliche Bildung (katholisch) sowie der Bereich Ausstellungen (evangelisch). Im Wiesbadener Raum (katholisch) findet sich zudem ein deutlich ausdifferenzierterer kultureller Schwerpunkt (Theater, Film, Museum). Innerhalb der einzelnen Themenbereiche zeigen sich konfessionsspezifische Nuancen. So gibt es im Themenfeld der religiösen Erwachsenenbildung seitens der katholischen Anbieter eine stärkere Betonung von Themen des Glaubens, der Kirche und der Bibel sowie von religiösen Intensivveranstaltungen mit Übernachtung (Exerzitien). Methodisch stellt das Bibliodrama im katholischen Bereich einen besonderen Akzent dar. Auch im Themenfeld Gesundheit sind die konfessionsspezifischen Ausrichtungen deutlich. Im katholischen Programmangebot dominieren Veranstaltungen mit klar gesundheitsprophylaktischem Charakter, während im evangelischen Bereich eher eine ganzheitlich-erforschende Perspektive der Körperarbeit anzutreffen ist. Insgesamt ist allerdings Vorsicht bei Verallgemeinerungen angebracht, da die Anzahl der untersuchten Programme gering ist und Verzerrungen auch dadurch zustande kommen können, dass die Aufnahme bzw. Nicht-Aufnahme von Veranstaltungen der Familienbildung, von kirchenmusikalischen Veranstaltungen, von besonderen Gottesdiensten oder Veranstaltungen der festen Arbeits- oder zielgruppenbezogenen Kreise je unterschiedlich gehandhabt wird und aus den Programmen selbst nicht ersichtlich ist (weitere konfessionsspezifische Unterschiede in der Sprache bzw. Beschreibung der Kurse finden sich in Kap. 2.3.4).

2.3 Formate, Themen, Methoden, Darbietungsmodi

In den Programmen lassen sich neben den formalen und inhaltlichen Dimensionen auch spezifische Formate, Methoden, Darbietungsmodi sowie thematische Konkretisierungen unterscheiden. Sie können ebenfalls den Ankündigungstexten entnommen werden bzw. sind aus den Beschreibungen heraus erschließbar. Die folgende Analyse bezieht sich auf die evangelischen wie auf die katholischen Programme gleichermaßen, signifikante konfessionsspezifische Unterschiede zwischen den Programmen werden an den entsprechenden Stellen markiert.

2.3.1 Formate

Auffällig ist, dass in allen Programmen die unterschiedlichsten Formate genutzt werden, die ihrerseits wiederum miteinander kombiniert werden und auch in unterschiedlichen Zeitvariationen vorkommen können.

Im Bereich der klassischen, eher kognitiv ausgerichteten Angebotsformate lassen sich Vorträge und Vortragsreihen, aber auch diskursivere Formate wie Forum oder Diskussion finden. Hier geht es stark um Information, Aufklärung und Gespräch. Eine Variante, die auch die emotionalen und/oder spirituellen Dimensionen anspricht (ansprechen soll), ist der Besinnungsvortrag (mit religiöse Themen), der Diavortrag oder der heimatkundlich ausgerichtete Vortrag. Thematische Vertiefungen bieten hingegen Seminare und Workshops, in denen das eigene und gemeinsame Erarbeitung oder Ausprobieren im Vordergrund stehen.

Zur Einübung und Routinisierung bestimmter Techniken werden insbesondere im Gesundheits- und Bewegungsbereich die Formate Übung und Training genutzt.

Hinsichtlich der kulturbezogenen Angeboten lassen sich Formate wie Konzert, Aufführung oder Lesung unterscheiden, bei denen die kulturelle Rezeption sich in passiv aufnehmender Weise ereignet, während Formate wie Kochen, Basteln, Musizieren oder Singen den künstlerisch-kulturellen (Selbst-)Ausdruck in aktiv produzierender Form unterstützen.

Formate wie Besuche (Museum, Theater, Ateliers) Führungen, Besichtigungen (Kirchen, Firmen, Bundesgartenschau) oder Rundgänge (Kultstätten, Krippen) nutzen die kulturelle Infrastruktur der Umgebung, um sich Kulturproduktionen und kulturelle Artefakte informierend und aktiv anzueignen. Sie setzen Bewegung voraus und finden zumeist an Orten außerhalb der kirchlichen Lerninfrastruktur statt. In gesteigerter Form ist dies bei den Formaten Reisen, Pilgern, Ausflug und Exkursion der Fall, die alle gezielt die gemeinsame Bewegung in Raum und Zeit nutzen, um Lernprozesse anzuregen, den Gruppenaustausch zu fördern und Geselligkeit zu pflegen.

In enger Überschneidung zu liturgischen und gottesdienstlichen Praktiken finden sich schließlich Formate wie Andacht, Stille, Gebet, Gottesdienst, Predigt oder Feier, die sich nur dadurch von den regulären rituellen Praktiken unterscheiden, dass sie spezifische Inhalte bewusst und intentional behandeln oder dass sie kombiniert werden mit anderen Formaten, um so die kirchlich-spirituelle Dimension der Gesamtveranstaltung zu betonen. Weitere Formate der religiös-spirituellen Auseinandersetzung sind Besinnung, Meditation, Fasten, Auszeit oder Exerzitien.

Wie schon mehrfach erwähnt, können unterschiedliche Formate miteinander kombiniert und so zu komplexeren Arrangements der bildenden Geselligkeit oder gesellig-gemeinschaftlichen Bildung zusammengeführt werden. Derartige *Formathybridisierungen* finden sich vor allem bei längeren Kursen und Blockveranstaltungen, auf Reisen, im Gottesdienst, bei Festen, im Urlaub oder bei kulinarischen Angeboten. Eine weitere Form der Angebotsdifferenzierung stellt die Koppelung von Formaten mit unterschiedlichen Zeitvarianten dar: Veranstaltungen in Kurzzeit oder Langzeit, als Block oder gestückelte Tagesveranstaltung (morgens, mittags oder abends), als Einmal-, Mehrfach- oder Dauerveranstaltung, als Intensivveranstaltung mit Übernachtung, etc. Diese zeitliche Flexibilisierung ermöglicht sehr unterschiedliche Szenarien der Kommunikation, Auseinandersetzung und Übung. Sie setzt gleichzeitig jedoch eine komplexe räumlich-örtliche Infrastruktur voraus, um eine Entsprechung von Zeitformaten und räumlichen Arrangements herzustellen. Im Rahmen evangelisch-katholischer Erwachsenenbildung ist diese Komplexität der Raum-Zeit-Strukturen in ausreichendem Maße gegeben (vgl. zur räumlichen Infrastruktur Kapitel 3.3).

Fasst man die bisherigen Ausführungen graphisch zusammen, so zeigt sich folgende Übersicht:

Formatkombinationen	Formate	Zeitvarianten
	Vorträge, Vortragsreihen, Forum/ Diskussion	
	Seminare, Workshops	
	Übung, Training	
		Kurzzeit
Kurse	Konzert, Aufführung, Lesung	Langzeit
Blockveranstaltungen	Kochen, Basteln, Musizieren, Singen	Gestückelt
Reisen		Block
Feste	Besuch, Führung, Besichtigung, Rundgang	Einmal
Gottesdienst	Reisen, Pilgern, Ausflug, Exkursion	Mehrfach
Urlaub		Dauer
	Andacht, Stille, Gebet, Gottesdienst, Predigt, Feier, Besinnung, Meditation, Fasten, Auszeit	Intensiv

Abbildung 9: Angebotsformate, Formatkombinationen, Zeitvarianten

2.3.2 Spezifische Themen und Thematisierungsformen

Neben der (allgemeinen) Themenübersicht in Kapitel 2.2 lassen sich konfessionsübergreifend spezifisch(er)e Inhaltsbereiche identifizieren, die nicht so sehr den Titeln selbst zu entnehmen sind, sondern eher den Veranstaltungsankündigungen. Hier zeigen sich in den Angebotsbeschreibungen semantische Felder, die sich zu thematischen Clustern bündeln lassen und die in ihrer inhaltlichen Ausrichtung sehr deutlich das spezifische inhaltliche Profil konfessioneller Erwachsenenbildung zum Ausdruck bringen. Bei genauerer Betrachtung handelt es sich dabei auch nicht so sehr um Inhalte, sondern eher um Thematisierungsweisen und Perspektiven auf bestimmte Inhalte.

Ein erstes großes Themenfeld betrifft die Bereiche Versehrung, Sinnsuche und Heil. Mit Blick auf *Versehrung* zeigen sich unterschiedliche Formen der Thematisierung sowohl in körperlicher als auch biographischer und spiritueller Hinsicht. Dabei geht es um Krankheit, Behinderung und Leid(en), um Tod, Verlust, Alter, Altern, Abhängigkeit, Belastung und Schwäche, um Zerbrechlichkeit, Verwundbarkeit, Umbrüche, Krise, Scheitern und Bruchwerk, um Erschütterung und Zweifel. Menschsein wird thematisiert in all seinen Begrenzungen und Versehrungen, in seiner Gebrechlichkeit und Sterblichkeit. Thematisch eng damit verbunden sind Variationen von *(Sinn-)Suche und Besinnung* – auch als Formen des Umgangs mit und der Absetzung von Versehrung. Hier finden sich semantische Felder wie Loslassen, Verlieren und Gewinnen, wie Fastenzeit, Einkehr, Auszeit und Sich-Zeit-Nehmen, wie Enthaltsamkeit, geistiges Umdenken, innere Ruhe, Balance und Mitte. Des Weiteren finden sich Formen des besinnenden Unterwegsseins (wandern, pilgern), des Suchens, Wartens und Träumens, der Sehnsucht nach Geheimnis und Tiefe. Schließlich werden Formen des *Heils und der Heilung* angesprochen. Im Vordergrund stehen hier Begriffe wie Vollkommenheit, Gelingen, Glück, Fülle, Heil und heile Welt oder gutes Leben, Lebensqualität, Sicherheit und Lebensmöglichkeiten. Es geht um Lösung und Heilung, um Vergessen und Aufheben, um Wurzeln und Lebenskraft ebenso wie um neue Himmel, neue Horizonte und neue Möglichkeiten. Tragend sind dabei Liebe, Glaube, Hoffnung, Treue oder Kraft.

Während Versehrung, (Sinn-)Suche und Besinnung sowie Heil und Heilung ein thematisches Kontinuum bilden, gibt es auch für die beiden Themenbereiche Person und Gemeinschaft-Sozialität eine thematische Entsprechung und Bezugnahme. Mit Blick auf *Person* sind Begriffe prägend wie Würde, Persönlichkeit und Identität, Wahrheit und Echtheit, Selbsterfahrung, Selbstfindung und Selbstvertrauen. Mit Blick auf *Gemeinschaft* sind Begriffe leitend wie Begegnung, Gemeinschaft und Beziehung, Partnerschaft und Freundschaft, Toleranz, Verständnis, Verständigung, Akzeptanz, Hinnahme und Offenheit. Es geht um Geben und Nehmen, um Hingabe, Treue und Hilfe, um Abschied und Neubeginn, um Bindung und Trennung oder um Nähe und Distanz. Person und Gemeinschaft bilden ein Geflecht gegenseitiger Bezugnahme, wobei Würde und Individualität des Einzelnen (fast) immer im Kontext von und in Bezug auf Gemeinschaft gesehen werden. Insofern passt in diesen Bereich auch das Themenfeld von (zwischenmenschlicher) *Schuld* mit Begrifflichkeiten wie Scham, Verstrickung, Vergebung, Versöhnung und Sühne.

Ein weiteres großes Themenfeld betrifft *Unrecht-Gerechtigkeit* in der Welt. Hier werden Bereiche angesprochen wie Gewalt, Diskriminierung und Unterdrückung, Flucht, Vertreibung und Verfolgung, Zerstörung und Krieg, Armut und Ausbeutung, Geiz und Gier. Gleichzeitig geht es um Perspektiven wie Gerechtigkeit, Frieden und Freiheit, um Kampf und Solidarität, um fairen Handel zwischen den Ländern.

Quer zu den bisher angesprochenen Bereichen stehen die letzten beiden Thematisierungsperspektiven, die die Wahrnehmungs- und Ausdrucksfähigkeit sowie Zeit und Zeitlichkeit betreffen. *Wahrnehmungs- und Ausdrucksfähigkeit* umfasst dabei ganz unterschiedliche Bereiche des Wahrnehmens, Fühlens und Ausdrückens. So finden sich Achtsamkeit und Empfindsamkeit, aber auch Staunen und Besinnung als Formen der Körper- und Weltwahrnehmung. Es geht um die Breite menschlicher Gefühle von Angst, Wut und Empörung über Leere und Abscheu bis hin zu Begeisterung und Freude. Und es werden Ausdruckweisen angesprochen wie Gebet, Andacht und Segen oder Loben, Preisen und Singen. Mit Blick auf *Zeit und Zeitlichkeit* werden Blicke geworfen auf Ruhe und Rhythmus, Zeitnehmen und Auszeit, Vergangenheit, Gegenwart und Zukunft, Geschichte und Aktualität, Jetztzeit und Ewigkeit.

Bei einer anderen Schneidung der Themenfelder und Thematisierungsformen lässt sich ein (Dis-)Kontinuum von Widerfährnissen, Gefühlen/Empfindungen, aktivem Bemühen und Gestalten sowie Handlungen und Routinen aufzeigen. Widerfährnisse (Versehrung, Schuld, Ungerechtigkeit) bezeichnen ein (passives) Erleiden von biographischen, sozialen oder spirituellen Krisen/Umbrüchen/Gefährdungen. Gefühle und Empfindungen sind hingegen emotionale Formen der (inneren) Verarbeitung und/oder des nach außen gerichteten Ausdrucks. Sie können einmünden in ein aktives Bemühen um (Neu-)Gestaltung und Lösungsfindung und schließlich übergehen in (mehr oder weniger selbstverständliche) Routinen des Alltags.

Wieder eine andere Form der Systematisierung liegt in der Unterscheidung von Person/Gemeinschaft und Gott/Welt. Selbstbezug und Gemeinschaftsbezug, Gottesbezug und Weltbezug sind die vier Pole, um die die thematischen Felder in unterschiedlichen Konstellationen, Kombinationen und immer auch mit Blick auf Entwicklungsfähigkeit und Zeitlichkeit kreisen.

Fasst man die verschiedenen Varianten in der Systematisierung der Themenfelder zusammen, so zeigt sich folgendes Bild:

Wahrnehmungs- und Ausdrucksfähigkeit	I Versehrung (Sinn-)Suche-Besinnung Heil-Heilung Person Gemeinschaft-Sozialität Schuld Ungerechtigkeit Gerechtigkeit	Zeit und Zeitlichkeit	II Widerfährnisse Gefühle/Empfindungen Aktives Bemühen und Gestalten Routinen des Alltags	III Person – Gemeinschaft Gott – Welt

Abbildung 10: Varianten in der Systematisierung von Themenfeldern

2.3.3 Methoden

Neben den unterschiedlichen Formaten und Thematisierungsformen arbeiten die evangelische und katholische Erwachsenenbildung auch mit sehr unterschiedlichen Methoden. Nach Müller/Papenkort 1997 lassen sich Methoden unterteilen in die drei Teilbereiche: Sozialformen (Anzahl der Beteiligten), Artikulationsformen (zeitlich-inhaltliche Gestaltung und Dramaturgie), Aktionsformen (Methoden im engeren Sinne). Ergänzend kann man die verwendeten Medien als vierten Teilbereich hinzufügen.

Mit Blick auf die *Sozialformen* lassen sich klassisch vier Formen unterscheiden: Plenum, Gruppenarbeit (Großgruppen, Kleingruppen), Partnerarbeit, Einzelarbeit. Diese vier Formen finden sich auch in der konfessionellen Erwachsenenbildung, wobei in vielen Angebotsformaten eine starke Koppelung von Einzelarbeit und Gruppenarbeit/Plenum auffällt: der Einzelne in der Konfrontation mit sich selbst (Fasten, Bewegungsübungen, Meditation, Stille, Selbstausdruck) und gleichzeitig die Gruppe in der gemeinschaftlich-geselligen Bearbeitung von Erfahrungen, Themen, Eindrücken.

Mit Blick auf die *Artikulationsformen* ist interessant, dass viele Angebote aufeinander Bezug nehmen und es insofern einen – zeitlichen und inhaltlichen – Verweisungshorizont gibt. Besonders ausgeprägt findet sich dieser Verweisungshorizont bei Reihen wie etwa Predigtreihen, die thematisch gerahmt sind, musikalischen Reihen, die jeweils eingeführt werden, Vortragsreihen (Theologie oder Naturwissenschaften), deren einzelne Themen einen klaren inhaltlichen Bezug zueinander haben oder Veranstaltungsreihen (Totengedenken), die in einer zeitlichen Abfolge mit unterschiedlichen, thematisch aufeinander bezogenen Angebotsformaten arbeiten (Vortrag, Film, Diskussion, Exkursion, Führung, etc.). Feste Arbeits- oder Gesprächskreise haben ebenfalls eine derartige Verweisungsstruktur, indem sie in einer zeitlich gestaffelten Abfolge von Veranstaltungen inhaltlich aufeinander aufbauen und dabei durchaus auch unterschiedliche Formate nutzen.[61] Weitere Formate mit Verweisungscharakter sind Gottesdienste, die über Treffen entsprechend vorbereitet werden (Adventsgottesdienste, Weltgebetstag der Frauen) bzw. die in (weitere) politische Aktionen eingebunden sind (Aktion Lucia – Lichter gegen Brustkrebs), oder Ausstellungen, die durch Eröffnungsveranstaltungen, Filme, Vorträge oder Gottesdienste gerahmt werden. Insgesamt ist es also weniger die mikrodidaktische Ebene der Artikulation, auf der eine – dramatisierende – interne Abfolge von Stufen in den Programmen sichtbar wird, sondern vor allem die makrodidaktische Ebene der Verweisung zwischen Angeboten, als Beginn und Abfolge, als inhaltlicher Steigerungszusammenhang, als Komplexion von Einzelarrangements mit je unterschiedlichen methodisch-inhaltlichen Schwerpunkten.

Mit Blick auf die *Methoden* im engeren Sinne (Aktionsformen) sind zunächst die Methoden der Informationsvermittlung und Gesprächsartikulation zu nennen: Vortrag, Fachinformation, Impulsreferat, Gespräch, Diskussion, Forum, Podium, Runder Tisch, etc. Die Methoden sind vielfältig und variieren in der Kombination der informativ-vortragenden und diskursiv-erörternden Anteile. Des Weiteren gibt es vielfältige Methoden der Texterschließung, wobei die Texte sowohl kirchliche Texte (Bibel) als auch weltliche Texte (Romane/Literatur) oder Lebensgeschichten umfassen können. Die Textarbeit bedient sich dabei unterschiedlicher Methoden wie das Hören und Zurkenntnisnehmen der Texte (Predigt, Lesung, gemeinsame Lektüre, Geschichten erzählen und hören) oder die Deutung, Auslegung, Interpretation und Aktualisierung/Übertragung (Hermeneutik) derselben. Eine besondere methodische Variante stellt – insbesondere im katholischen Kontext – das Bibliodrama dar, das biblische Texte szenisch vergegenwärtigt und damit einen ganz eigenen Zugang der Texterschließung ermöglicht. Methoden der Besinnung und religiösen Übung kombinieren Dias, Bilder oder Musik mit Vorträgen meditativ-besinnlicher Ausrichtung (Besinnungs-, Erbauungsvortrag) oder sind eingelagert in religiöse und liturgische Praktiken (Feier, Gottesdienst, Exerzitien). Methoden der Köper- und Bewegungsarbeit (Yoga, Feldenkrais, Eutonie, progressive Muskelentspannung, etc.)

---

61 So beispielsweise die Veranstaltungen zur Hilfe gegen Augenkrankheiten und Erblindung, durchgeführt vom Freundeskreis Wiesbaden der africa action Deutschland e.V. zusammen mit der evangelischen Erwachsenenbildung Wiesbaden und den katholischen Bildungswerken Wiesbaden, Rheingau und Untertaunus, bei denen die Gruppentreffen alternieren mit anderen Veranstaltungstypen wie Benefizveranstaltung, Informative Jahresveranstaltung mit Abendimbiss, Gartenfest und Jahresrückblick mit Abendimbiss.

weisen hingegen einen starken Übungs- und Trainingscharakter auf, indem sie den Körper selbst zum Gegenstand einer systematischen Bearbeitung machen mit dem Ziel der Entspannung, der Gesundheitsprophylaxe oder der Wahrnehmungssensibilisierung. Methoden des künstlerischen Selbst- oder Gemeinschaftsausdrucks wiederum nutzen so unterschiedliche Elemente wie das Spielen, Ausprobieren, Bauen, Basteln, Verkleiden, Schreiben, Weiterschreiben, etc. Als Kreativmethoden haben sie zum Ziel, den künstlerischen Selbst- und Gemeinschaftsausdruck zu unterstützen, als interaktiv ausgerichtete Methoden dienen sie dagegen eher der Gruppen- und Gemeinschaftsbildung. Einen besonderen – und durchaus ausgeprägten – Akzent im Methodenspektrum konfessioneller Erwachsenenbildung bilden die biographischen, familien- und gestalttherapeutischen Methoden. Dies hat zu tun mit einer generellen Biographieorientierung nicht nur im Bereich der religiös-theologischen Erwachsenenbildung (biographische Gestalten des Alten und Neuen Testaments oder der Kirchengeschichte), sondern gerade auch im Kontext von Paar- und Familienbildung, intergenerationellem Lernen oder Seniorenbildung. Reise in die eigene biographische Vergangenheit, angeleiteter biographischer Erfahrungsaustausch, Trauercafe oder Erzählcafe sind unterschiedliche methodische Varianten mit je spezifischen thematischen Akzentuierungen. Neben den biographischen Methoden gibt es vor allem im Kontext der Paar- und Familienbildung Methoden wie Familienaufstellung oder Gestalttherapie, welche die eigene Biographie, Rolle und Stellung im Kontext einer größeren Gruppe (Familie) thematisieren. Führung und Selbsterkundung sind Methoden, die vorzugsweise bei Besichtigungen, Ausstellungen und Reisen Anwendung finden. Auch sie unterscheiden sich nach dem Grad der informativen Vorgabe bzw. der selbstgesteuerten Aneignung. Schließlich finden sich auch Aktionen im methodischen Reservoir konfessioneller Erwachsenenbildung, die eingelagert sein können in größere Veranstaltungsformate (Kreuz aus Mosaik legen im Kontext einer Gründonnerstagsnachtwanderung; Aktionen im Kontext der Weltgebetstagsvorbereitungen; Frauen gegen Brustkrebs) oder die auch relativ selbstständig für sich stehen (Aktionstag gegen Armut). Ein besonderer Anwendungsfall von Methodenvariation findet sich in der Fortbildung für Ehrenamtliche. Hier geht es neben dem Einsatz von Methoden zur Entfaltung der Fortbildung gleichzeitig auch um die gezielte Vermittlung von Methoden als Vermittlung von Methodenkompetenz, als Vermittlung von Materialien, Medien, Fallbeispielen, Texten, etc.

Eine Übersicht der unterschiedlichen Aktionsformen (Methoden) ergibt folgendes Bild:

Methoden der Informations-vermittlung und Gesprächsartikulation	Methoden der Körper- und Bewegungsarbeit	Aktionen
Methoden der Texterschließung	Methoden des künstlerischen Selbst- oder Gemeinschaftsausdrucks	Führung und Selbsterkundung
Methoden der Besinnung und religiösen Übung	Biographische, familien- und gestalttherapeutische Methoden	
	Methoden im Kontext von Paar- und Familienbildung	
Methodenspektrum in der Fortbildung für Ehrenamtliche		

Abbildung 11: Übersicht der Aktionsformen (Methoden im engeren Sinne)

Der letzte Aspekt der Methodenreflexion führt zu den *Medien*, mit denen bzw. über die die konkrete Arbeit entfaltet wird. Auch hier zeigt sich eine große Vielfalt von eingesetzten Medien, die das große Arsenal und die große Breite konfessioneller Erwachsenenbildung deutlich machen. Zunächst lassen sich Medien ausmachen, die – wie Texte, Bücher, Gedichte, Erzählungen und vor allem die Bibel – literarische Produktionen in mündlicher und schriftlicher Form umfassen. Ein weiteres Medium, das stark die Arbeit prägt, ist der Körper als Bewegung, Tanz oder Körperausdruck, aber auch in seiner stimmlich-musikalischen Dimension. Gesten, Symbole, Rituale finden sich vor allem im Gottesdienst, in der Liturgie oder in Exerzitien als Medien religiös-bildnerischer Praxis. Wichtig sind auch Stille, Ruhe, Einkehr, Besinnung als Medien der persönlichen Klärung, der Ordnung, des Sich-Findens oder des In-sich-Hineinhörens. Filme, Theater, Museen und Ausstellungen lassen sich als Medien der kulturellen Arbeit deuten, während Natur- und Kulturräume, Orte und Regionen schließlich Medien der Bewegung und Wanderung im Raum darstellen.

2.3.4 Darbietungsmodi

In den Programmen lassen sich auch deutliche Unterschiede erkennen, in welchem konkreten Modus der Darbietung Themen, Übungen oder Aktionen beschrieben und entfaltet werden (sollen). Diese unterschiedlichen Darbietungsmodi bedienen sich je spezifischer semantischer Felder innerhalb der Programmbeschreibung, die als kognitive, emotionale, aktionale und memoriale Felder bezeichnet werden können.

Dem *kognitiven* Darbietungsmodus geht es schwerpunktmäßig um die gedankliche Auseinandersetzung mit einem Thema/Gegenstand. Er nutzt Verben und Ausdrücke, die einen informativen Erstkontakt signalisieren (kennenlernen, informieren, aufklären), die einen Aufforderungscharakter zur Weiterbeschäftigung haben (einladen, anregen, anstiften, Impulse, Anstöße, Einblicke geben, herausfordern), die den Gegenstand einer vertiefenden Auseinandersetzung und Bearbeitung anheimstellen[62] oder die eine Entwicklungsperspektive in Aussicht stellen (Wege suchen, Lösungen finden, neue Perspektiven entdecken, Profil bestimmen).

Der *emotionale* Darbietungsmodus präferiert ein semantisches Feld, das sich seinem Gegenstand sowohl in distanziert-offener als auch in emphatisch-intimer Weise nähert und dabei die eigene Wahrnehmungsfähigkeit trainiert.[63] Des Weiteren geht es um Sinnesfreude und die Fähigkeit zum Staunen (genießen, erfreuen, bestaunen) sowie um die Möglichkeiten des Einhaltens, der Unterbrechung und der damit verbundenen Veränderungschancen (unterbrechen, sich enthalten, Auszeit nehmen, runderneuern, umkehren). Schließlich zielt der emotionale Darbietungsmodus auf die Verlebendigung der Person und ihrer Fähigkeit zur ganzheitlichen Re-Generierung (lebendig bleiben, ganzheitlich sein, verlebendigen, Feuer neu entfachen).

Der *aktionale* Darbietungsmodus nutzt in seinen Beschreibungen ein Vokabular, das auf Handlung, auf Gemeinsamkeit, auf aktive Sozialität abzielt. Es geht hier um Gemeinschaft und Teilhabe (teilen, gemeinsam tun, begegnen, geben, nehmen, in Gemeinschaft sein), aber auch um den kämpferischen Einsatz für eine Sache (kämpfen, für etwas einsetzen, streiten) sowie um die vielfältigen Variationen zwischenmenschlicher Beziehungsarbeit (Beziehungen klären, entfalten, Partnerschaft beleben, vertiefen, Frieden schließen, aussöhnen, versöhnen, zusammenführen, ins Gespräch kommen).

Beim *memorialen* Darbietungsmodus ist die Erinnerungsfähigkeit des Menschen angesprochen, seine Fähigkeit, einen Bezug zwischen Vergangenheit und Gegenwart herzustellen (erinnern, vergegenwärtigen). Dies kann kulturelle Traditionen betreffen (Feste, Kirchenjahr), Fragen des sozialen Gedenkens um-

---

62 Bedenken, beleuchten, überdenken, auseinandersetzen, klären, weiterdenken, fragen, Zusammenhänge sichtbar machen, verarbeiten, umdenken, sich dem Thema nähern, den anderen Standpunkt erkennen.
63 Betrachten, meditieren, zuwenden, empfinden, wahrnehmen, entdecken, zulassen, einfühlen, sich einlassen.

fassen (Totengedenken) oder sich auf die eigene Biographie oder Familiengeschichte beziehen (Verschüttetes der Biographie). Interessant ist, dass sich die katholischen und evangelischen Programme in den Darbietungsmodi am meisten unterscheiden. Mit Blick auf Formate, Themen und Methoden sind die Unterschiede nicht so groß wie in der Art der Programmbeschreibung und der Konturierung ihrer semantischen Felder. Die katholischen Programme sind in ihren Beschreibungen in der Regel deutlich kürzer als die evangelischen Programmankündigungen und in ihrer Ausrichtung eher nüchtern, informativ und sachorientiert. Dies zeigt sich in Ausdrücken wie: Gedanken zu.., (gute) Gründe für, Einführung in.., informieren, kennenlernen, beschäftigen mit, erarbeiten, vertiefen, etc., insbesondere im Bereich der religiöstheologischen Erwachsenenbildung als auch im Bereich von Altern und Pflege. Die in den evangelischen Programmen häufig anzutreffende Semantik der Anstiftung, der Anregung, der Herausforderung, des kritischen Bedenkens, Relationierens, Weiterdenkens, etc. findet sich in den katholischen Programmen eher selten. Auch im Bereich der Gesundheits-, Körper- und Bewegungsarbeit zeigen sich deutliche Unterschiede. Im katholischen Bereich werden diese Angebote ebenfalls in einer sachlich-nüchternen Sprache beschrieben, die insbesondere den Erhalt von Gesundheit und Aktivität sowie das gute Training in den Vordergrund stellt (starker Übungs-, Trainings- und Prophylaxe-Aspekt). Entsprechend geht es um Ausdrücke wie: Fit im Alter, Aktiv gegen .., Verbesserung der allgemeinen Befindlichkeit, Steigerung, Balance, etc. Im evangelischen Kontext hingegen wird die körperliche Wahrnehmungs- und Bewegungsfähigkeit häufig in einen Zusammenhang mit innerer Wandlung, Veränderung oder körperlich-spiritueller Ausdrucksfähigkeit gestellt. Körperarbeit ist hier weniger ein Zweck in sich, sondern Medium für andere Zwecksetzungen.[64]

2.3.5 Synopse

Bei einer Zusammenschau der unterschiedlichen Elemente ergibt sich folgendes Bild:

---

64 Inwieweit diese Befunde generalisierbar sind, müssten weitere und weiter ausgreifende Programmanalysen zeigen.

Hybridität der Angebote: Vier Fallbeispiele

Abbildung 12: Synoptische Zusammenschau von Formaten, Themen, Methoden und Darbietungsmodi

2.4 Hybridität der Angebote: Vier Fallbeispiele

Wie bereits in 2.3.1 erwähnt, kombinieren viele Angebote unterschiedliche Formate miteinander und führen so zu komplexeren Arrangements der bildenden Geselligkeit oder gesellig-gemeinschaftlichen Bildung. Diese Hybridisierung ist kein Phänomen der konfessionellen Erwachsenenbildung alleine, sondern ein Trend, der sich in vielen Feldern der Erwachsenenbildung zeigt (vgl. bereits Kade/Lüders/Hornstein 1991). Gleichwohl ist Hybridität ein durchgehendes Kennzeichen konfessioneller Erwachsenenbildung, die aus ihrem Reichtum an räumlicher, zeitlicher und thematischer Variabilität resultiert. Im Folgenden werden vier Fallbeispiele präsentiert – Weltgebetstag, Totengedenken, Heilfasten, Biographiearbeit –, um dieses Charakteristikum konfessioneller Erwachsenenbildung näher zu beleuchten.

Weltgebetstag

In allen Programmen sind Angebote für den Weltgebetstag der Frauen enthalten, die (fast) durchgängig als ökumenische Veranstaltungen ausgeflaggt sind.[65] In 2011 wird der Weltgebetstag von den Frauen in Chile getragen, die das Leitthema *Wie viele Brote habt ihr?* formuliert haben. In den katholischen Programmen sind Vorbereitungsveranstaltungen auf den Weltgebetstag für Multiplikatorinnen in den Gemeinden zu finden, die unter der Rubrik ‚Soziale Verantwortung' bzw. ‚Weltgebetstag der Frauen' angekündigt werden. Die insgesamt zehn Veranstaltungen (eine Veranstaltung in Wiesbaden, neun Veranstaltungen im Westerwald) sind ökumenisch ausgerichtet und umfassen folgenden Veranstaltungsdaten:

Rubrik	Soziale Verantwortung KEB Wiesbaden	Weltgebetstag der Frauen KEB Westerwald
Veranstalter	KEB Bildungswerke Ev. Frauen in Hessen und Nassau Altkatholiken Wiesbaden	KEB Westerwald in Kombination mit kathol. und ev. Gemeinden sowie ökumenischen Kreisen
Referenten	Diplomtheologin Bibliodramaleiterin Referentin Frauenbildung und Spiritualität	Referentin für theol. Bildung Referentin Frauenbildung und Spiritualität
Termin	Samstag, 9.30 bis 16 Uhr	9 Termine: Di, 17-21, Sa 10-15, Sa 9.30-15 Fr 17-18.30, Fr 18, Mi 16-21, Mo 19.30-21.30 Di 19-20.30, Mo 19-21.

Abbildung 13: Vorbereitungsveranstaltungen für den Weltgebetstag der Frauen 2011 (Chile)

---

65 Zum Weltgebetstag und seiner Geschichte vgl. Rieck 2008, S. 266ff.

Hybridität der Angebote: Vier Fallbeispiele 59

Die Veranstaltungsankündigung im Wiesbaden lautet wie folgt:[66]

> *Ökumenischer Studientag zum Weltgebetstag 2011 Chile*
> *„Wie viele Brote habt ihr?", mit dieser Frage laden uns die chilenischen Frauen 2011 zum Weltgebetstag ein.*
> *Diese elementare und auch alltägliche Frage ist tief verbunden mit der Geschichte, Kultur, Lebensart und Spiritualität in Chile. Es gibt eine Lebenspraxis des Teilens, auch wenn die ungleiche Verteilung der Güter immer noch Realität ist. Die Katastrophe des Erdbebens im Februar 2010 hat für die Menschen dort alles verändert, aber auch Werte der Solidarität, des Füreinander-Einstehens und des Teilens wieder aufleben lassen. Auch wir sind herausgefordert, uns diese Frage(n) stellen zu lassen: Wie viele Brote hast DU? Was kannst DU teilen?*
> *An diesem Tag werden wir uns dem Land und den Menschen in Chile nähern, werden uns mit den Themen der Frauen in Bibelarbeit und Liturgie auseinandersetzen, den Schwerpunkt „Ernährungssouveränität" aus der WGT-Projektarbeit in den Blick nehmen und Ideen für die Arbeit in den Gemeinden entwickeln. Dieser Tag ist besonders für Multiplikatorinnen gedacht, die den Weltgebetstag in die Gemeinden bringen.*

Die zentrale Ankündigung für die Veranstaltungen im Westerwald ist folgendermaßen formuliert:[67]

> *Wie viele Brote habt ihr?*
> *Vorbereitung des Weltgebetstages der Frauen 2011 für Multiplikatorinnen*
> *Für diejenigen Frauen, die sich in der Gestaltung, Organisation und Vorbereitung des Weltgebetstages in ihren Gemeinden engagieren, bieten wir ein vorbereitendes Treffen an, bei dem wir gemeinsam etwas über das Land Chile und seine Besonderheiten, über die Liturgie und die Bibeltexte sowie die Möglichkeiten der Gestaltung erfahren.*

Die Kurzankündigungen für die einzelnen lokalen Veranstaltungen fokussieren die Vorbereitungstreffen wie folgt:

- Information in Wort und Bild zur Lebenssituation der Frauen in Chile.
- Einführung in die Thematik für Frauen, die in ihren Gemeinden die Schulungen leiten. In diesem Jahr steht die Situation der Frauen in Chile im Vordergrund.
- Informationen über Chile – Geschichte, Politik, Wirtschaft, Kultur, Rolle der Frau, Auseinandersetzung mit den biblischen Texten, Einüben des Sprechverhaltens vor Publikum.

---

66 KEB Bildungswerke Wiesbaden, Rheingau und Untertaunus, Programm 1/2011, S. 33.
67 KEB Westerwald-Rhein-Lahn, Programm 1/2011, S. 25 und ff.

- Informationen über das Land Chile: Geschichte, Politik, Wirtschaft, Rolle der Frau, Vorbereitung und Gestaltung des Gottesdienstes.
- In ökumenischer Zusammenarbeit bereiten Frauen den Weltgebetstag 2011 vor. Wir vertiefen und erarbeiten die soziale, geographische und wirtschaftliche Situation Chiles, aktualisieren biblische Texte und bereiten den Gottesdienst inhaltlich vor.

Betrachtet man die Veranstaltungstexte genauer, so lassen sich drei thematische Blöcke unterscheiden, die ihrerseits in ganz unterschiedlichen Modi der Darbietung durchgeführt und erarbeitet werden (sollen). Zum einen geht es in den Veranstaltungen um die Weitergabe und den Erhalt von Informationen über Chile und seine Besonderheiten, insbesondere über Geschichte, Politik, Wirtschaft, Kultur sowie Lebenssituation und Rolle der Frau. Der Modus der Präsentation kann dabei informativ, vertiefend, erarbeitend und/oder empathisch sein. Zum anderen stehen das Kennenlernen der und die Auseinandersetzung mit den biblischen Texten und der Liturgie im Vordergrund. Der Modus ist hier informativ, auseinandersetzend und/oder aktualisierend. Ein besonderer inhaltlicher Schwerpunkt innerhalb der Texte bildet das Thema ‚Ernährungssouveränität', verbunden mit den Werten, der Lebensart und der Spiritualität in Chile. Der Modus ist auseinandersetzend, übertragend, identifizierend und/oder herausfordernd. Schließlich geht es auch um die Vorbereitung und Gestaltung des Gottesdienstes, konkret um die Möglichkeiten der Gestaltung, um Ideen für die Arbeit in den Gemeinden sowie um das Einüben des Sprechverhaltens vor Publikum. Der Modus ist informativ, kreativ und/oder übend.

In den Veranstaltungsankündigungen kommt eine Vielfalt der Ausdrucks- und Beteiligungsformen zur Sprache: Information und Wissen, Textinterpretation und Bezug zur Gegenwart, kreative Gestaltung und gemeindliches Engagement, Ausbildung und Stärkung ehrenamtlich-professioneller Kompetenzen, Interkulturalität und Lokalbezug, Solidarität und Weltgerechtigkeit, gemeinsames Handeln und individuelle Beteiligung, Programmatik, Kreation und Aktion, Religiöses und Weltliches, interreligiöser Dialog und internationale Ausrichtung. Zudem stehen die Veranstaltungen in einem klaren zeitlichen Verweisungszusammenhang (Vorbereitung der Multiplikatoren, Aktionen in den Gemeinden, gemeinsamer Weltgebetstag), der dem Weltgebetstag nicht nur eine starke räumliche, sondern auch eine starke zeitliche Komponente verleiht.

Der Weltgebetstag ist insofern eine Hybridform, der religiöse Praxis, theologische Vertiefung, ökumenischen Dialog, politische Erwachsenenbildung und landeskundliche Information miteinander verbindet und Werte der Solidarität, des Füreinander-Einstehens und des Teilens fokussiert. Die je individuelle Beteiligung kann sich schwerpunktmäßig auf eines dieser Elemente ausrichten, aber auch mehrere (oder alle) gleichermaßen umfassen. Auch die Art der Beteiligung kann sehr unterschiedlich ausfallen, indem der Weltgebetstag religiösmeditative, kognitiv-informative, aktionistisch-kreative und identifikatorisch-politische Modi der Beteiligung bereithält.

Totengedenken und Grabkultur: Ökumenische Reihe

Die ökumenische Reihe Totengedenken und Grabkultur umfasst vier verschiedene Veranstaltungen: *Zwischen Tod und Friedhof* thematisiert als Auftaktveranstaltung organisatorische und ablaufbezogene Fragen, die beim Tod eines Menschen bewältigt werden müssen.[68] *10.000 Jahre Grabkultur* ist eine Ausstellung auf der Festung Ehrenbreitstein, die im Rahmen eines Ausfluges zur Bundesgartenschau in Koblenz besucht werden kann. *Totengedenken und Grabkultur im Limburger Dom* beinhaltet eine Exkursion mit Führung über die jahrhundertealte Bestattungskultur im und am Limburger Dom. Der *Besuch des Rhein-Taunus-Krematoriums in Dachsenhausen* gibt schließlich Einblicke über den Ablauf der Einäscherung, über Möglichkeiten der Abschiednahme und der Bestattung vor Ort.[69] Auch diese Veranstaltungsreihe ist ein Beispiel hybrider Formatkombination. Kombiniert werden Vortrag, Exkursion, Führung und Selbsterkundung, Film, Ausstellung und Gespräch, informative, biographische und diskursive Formen der Gegenstandsbearbeitung, in Augenscheinnahme vor Ort, filmische Inszenierung und sachlich-informative Erörterung. Die Veranstaltungen können je separat oder kombiniert besucht werden als Betroffene, Vorausschauende oder Interessierte.

Heilfasten für Gesunde

Das Heilfasten für Gesunde ist als Wochenkurs (8 Treffen jeweils von 18-19.30) zur Begleitung des Heilfastens angekündigt:

> Die Gruppe trifft sich täglich, um medizinische und gesundheitliche Fragen anzusprechen. Auch die Erfahrungen mit dem Fasten werden intensiv besprochen. Ge-

---

[68] Wenn ein lieber Mensch gestorben ist, ist neben der aufkommenden Trauer plötzlich vieles zu regeln: Wie lange soll der/die Tote im Haus bleiben? Welche Bestattungsart, Welches Grab? Wie soll die Todesanzeige aussehen? Wer wird wie benachrichtigt? Welche gesetzlichen Vorschriften gibt es? Nach einem filmischen Einstieg werden Informationen dazu gegeben, was man tun kann, damit Angehörige sich in dieser schweren Zeit nicht auch noch mit so vielen organisatorischen Fragen auseinander setzen müssen. Auch wird die Frage besprochen, wie man den Abschied von dem/der Verstorbenen so gestalten kann, dass er dem folgenden Trauerprozess hilfreich ist. Es werden Hilfen an die Hand gegeben, wie Sie mit Ihren Angehörigen ein Gespräch darüber anregen und führen können. Natürlich können auch eigene Fragen thematisiert werden (EEB Westerwald, Veranstaltungen 2011, S. 13).

[69] EEB Westerwald, Veranstaltungen 2011, S. 13, 25, 32ff.

spräch und Anleitungen zu Meditation vervollständigen das ganzheitliche Fasten. Wir empfehlen Personen, die zum ersten Mal heilfasten, vorher ihren Hausarzt zu konsultieren.[70]

In dieser Veranstaltung werden persönliche Erfahrung und Konfrontation mit Gruppenerfahrung und Gruppengespräch kombiniert. Es gibt eine Koppelung zwischen einer medizinisch-gesundheitlichen, einer alltäglich-biographischen und einer kommunikativ-meditativen Komponente. Der tägliche Rhythmus über eine Woche hinweg verleiht dem Einzelnen wie der Gruppe Kontinuität und Stabilität, die Treffen dienen dem Austausch von Erfahrungen, dem Ansprechen von Fragen, der medizinisch-spirituellen Anleitung. Die Pole, zwischen denen sich die Veranstaltung bewegt sind Ich – Gruppe, Innen (Kurs) – Außen (Fasten), Selbsterfahrung – Anleitung, Biographie (Lebensgeschichte) – Alltag (Lebensgegenwart), Körper (Gesundheit, Medizin) – Spiritualität (Ganzheitlichkeit).

Wenn die Kinder aus dem Haus gehen

Das letzte Beispiel hybrider Formatkombination betrifft eine Veranstaltung, die – ausgehend von einer tiefgreifenden familienbiographischen Veränderung – die Arbeit an und mit der eigenen Person ins Zentrum stellt. Die Veranstaltung ist ein Wochenendblockseminar von Freitag bis Sonntag im Haus am Seimberg (Familienerholungs- und Bildungsstätte).

> Wenn die Kinder aus dem Haus gehen, erleben wir das als Eltern oft zwiespältig. Einerseits freuen wir uns auf die neuen Räume, die nun von uns gestaltet werden können, sei es das ehemalige Kinderzimmer oder mehr freie Zeit, andererseits befürchten wir, dass die Leere und Offenheit der neuen Lebenssituation uns Angst machen könnte.

> Mit Methoden der Biographiearbeit werden wir uns an diesem Wochenende auf eine Reise durch die eigene Vergangenheit begeben, alte Träume und neue Möglichkeiten für die aktuelle Lebenssituation (wieder-)entdecken.[71]

Die Veranstaltung fokussiert einen familienbiographischen Einschnitt mit einer entsprechenden Entwicklungsaufgabe im Lebenslauf. Es geht um den krisenhaften, ambivalenten Übergang der Trennung zwischen Eltern und Kindern, der im Rahmen einer Blockveranstaltung (Intensivwochenende mit Übernachtung) be- und verarbeitet werden soll.

---

70 KEB Westerwald-Rhein-Lahn, 1/2011, S. 18.
71 Referat Erwachsenenbildung (EKKW), Programm August bis Dezember 2011, S. 32.

Zeitlich geht es um die Relationierung von Vergangenheit, Gegenwart und Zukunft, inhaltlich um die Gestaltungsaufgabe veränderter Raum- und Zeitstrukturen, emotional um das Changieren zwischen Freude und Angst. Das Aufspüren alter Träume in der eigenen Vergangenheit und das Entwickeln neuer Möglichkeiten der Lebensgestaltung werden über biographische Methoden inszeniert, über die Arbeit an und mit der eigenen Person, ausgehend von einer krisenhaften Gegenwart. Zeit, Sozialität und Biographie, (alte) Träume und (neue) Möglichkeiten werden miteinander kombiniert in einer Zeit-, Methoden- und Sozialstruktur, die je unterschiedliche Anschlussmöglichkeiten für die einzelnen TeilnehmerInnen bietet.

2.5 Schluss

Die Analyse der evangelischen und katholischen Programme zeigt ein überaus breites Spektrum an Veranstaltern, Themenfeldern, Zielgruppen, Referenten, Orten und Zeiten, das aufruht auf einer ihrerseits in sich stark differenzierten kirchlichen Infrastruktur.

Die Inhalte der Programme betreffen die klassischen Bereiche der religiösen und theologischen Erwachsenenbildung sowie der intergenerationellen Beziehungsarbeit, aber auch Felder der Gesundheits- und Körperbildung, der allgemeinen und politischen Erwachsenenbildung und des künstlerisch-ästhetischen Gestaltens sowie unterschiedliche Varianten des Reisens. In allen Programmen finden sich zudem Angebote für ehrenamtlich Engagierte.

Die Spezifik der kirchlichen Erwachsenenbildung zeigt sich vor allem an der Breite der Angebotsformate mit einer Vielzahl an darbietenden, aktivierenden, interpretierenden, künstlerischen und körperbezogenen Methoden. Sie sprechen den Menschen an als ein kognitives, emotionales, handelndes und sich erinnerndes Wesen mit einer Themenbreite und Thementiefe, die von Fragen der (Un-)Gerechtigkeit über Probleme des Miteinander-Umgehens bis hin zu Themen der Versehrung, der Sinnsuche und des Heils reichen. Ein Charakteristikum vieler Angebote ist ihre hybride Form, die sich in der Kombination unterschiedlicher Formate mit teilweise ganz unterschiedlichen Zeitvariationen zeigt.

3 Charakteristika konfessioneller Bildungsarbeit

Versucht man, die Ergebnisse der empirisch-systematisierenden Analyse in einer abstrakteren Weise zu fassen, so lassen sich insbesondere folgende vier Charakteristika konfessioneller Bildungsarbeit bestimmen: ein umfassendes Verständnis von Erwachsenenbildung, eine spezifische Sicht auf den Menschen, eine Vielzahl konkreter Raum-Zeit-Konfigurationen sowie eine doppelte Codierungsperspektive mit den damit verbundenen Möglichkeiten von Komplexitätssteigerung.

3.1 Umfassender Begriff von Erwachsenenbildung

Konfessionelle Erwachsenenbildung basiert auf einem umfassenden Bildungsverständnis. Dies zeigt sich nicht nur an der Themenvielfalt, sondern auch und gerade an der Themenbreite und Thementiefe, die den Menschen in all seinen Dimensionen ansprechen kann. Dieser Mehrdimensionalität entspricht auch ein ausgefeiltes Methodenrepertoire, das neben eher kognitiv ausgerichteten Vermittlungsformen vor allem dialogisch-interaktive, körperbezogene und kreative Methoden beinhaltet. Dabei werden Aneignungspotentiale bereitgestellt, die von der intellektuellen Auseinandersetzung über den künstlerischen Ausdruck oder die intensive Formung (Einkehrtage, Exerzitien) bis hin zur selbstgesteuerten Einwirkung (Exkursion) und Aktion reichen.

Besonders aufschlussreich ist, dass kirchliche Bildungsarbeit in Formaten wie Predigt, Lesung, Musikaufführung, Kunstbetrachtung, Stille, Einkehr, Reise, etc. häufig ohne professionelle Vermittlungsarbeit auskommt sowie Themen und Inhalte in unmittelbarer, direkter Auseinandersetzung von den Teilnehmenden angeeignet werden (können).[72] Mit diesem Einbezug unmittelbarer Einwirkung favorisiert die konfessionelle Erwachsenenbildung ein Bildungskonzept, wie es bereits in der Volksbildungsbewegung des 19. Jahrhunderts prägend war. Bildungsarbeit verstand sich damals auch und gerade als das Bereitstellen von Kulturgütern, die durch den Kontakt mit den Menschen bildende Wirkung entfalteten. Diese als didaktischer Materialismus bezeichnete Bildungskonzeption

---

72 Diese direkte, unvermittelte Konfrontation, Auseinandersetzung oder Aneignung kann zwar durch begleitende Vermittlungsangebote ergänzt werden, sie steht allerdings häufig alleine.

(vgl. Dräger 1997, S. 34ff., Seitter 2007, S. 48ff.) relativierte die didaktischen Vermittlungsbemühungen von Professionellen und priorisierte den direkten Kulturgüterkontakt in einem breiten Verständnis von Bildung, das Kunst und Kultur, Geselligkeit und Feier ebenso mit einschloss wie Vortrag und Vortragsreihe, Unterricht und Fortbildung.

Das Bewahren dieser Traditionslinie von Erwachsenenbildung bedeutet für die konfessionelle Erwachsenenbildung nicht nur die Akzentuierung autonomer Aneignungsspielräume von TeilnehmerInnen jenseits didaktischer Kontrolle und Steuerung, sondern auch das Vertrauen in die je eigene und unabhängige (Bildungs-)Kraft künstlerisch-musikalischer Darbietung, reisender Erkundung oder konzentrierter Stille. Neben dieser Akzentuierung ist allerdings nicht zu verkennen, dass dialogisch-diskursive Verständigung/Auseinandersetzung, intensive Übung oder angeleitetes Lernen genauso zum Spektrum konfessioneller Bildungsarbeit gehören, was ihre umfassende Weite – auch und gerade in methodisch-didaktischer Hinsicht – nochmals unterstreicht.

3.2 Menschenbild

Ein zweites Charakteristikum konfessioneller Bildungsarbeit ist ein spezifisches Menschenbild, das den Menschen mit all seinen Sinnen thematisiert und anspricht, das Menschsein als Wechselverhältnis von Eindrucks- und Ausdrucksfähigkeit konzipiert, das In-Beziehung-Sein und In-Biographie-Sein miteinander kombiniert und das das menschliche Leben in seinen drei Dimensionen der Lebensbreite, Lebenslänge und Lebenstiefe gleichermaßen und gleichberechtigt umfasst.

Sinnesorientierung und sinnliche Wahrnehmung

Konfessionelle Bildungsarbeit spricht den Menschen mit all seinen Sinnen und in seiner ganzen sinnlichen Wahrnehmungsbreite an, wobei ein enger Zusammenhang zwischen Formen, Methoden und Darbietungsmodi besteht. Konkret geht es in den Angeboten um das

- Hören, um (Lebens-)Geschichten und Erzählungen, Lesungen und Texte, das Wort und die Schrift, zuhören und lauschen;
- Sehen, um Bilder und Kunstformen, Natur und Kultur, betrachten, anschauen und bestaunen;
- Bewegen, um ertasten und tanzen, erkunden und entdecken, reisen und pilgern;

- Schweigen, um Stille und Andacht, Meditation und Gebet, Einkehr und Besinnung;
- Sprechen, um Gespräch und Austausch, Diskussion und Auseinandersetzung, Reden und Sich-Informieren;
- Denken, um anregen, verstehen, weiterdenken;
- Fühlen, um Freude und Leid, Trauer und Brüche, Genuss und Jubel;
- Handeln, um Aktion und Projekte, Partnerschaften und Patenschaften;
- Schaffen, um Kultur und Kunst, Basteln, Bauen, Formen, Filzen, Malen.

In dieser Hinsicht kann man auch von der Leibgebundenheit der Bildungsarbeit sprechen, von ihrer Verwurzelung in der konkreten leiblich-körperlichen Verfasstheit des Menschen und ihrer Bezugnahme auf seine sinnliche und sinnenhafte Ausstattung.

Wechselspiel und Eindruck und Ausdruck

Konfessionelle Erwachsenenbildungsarbeit bewegt sich in ihren Angeboten zwischen den Polen Eindrucks- und Ausdrucksarbeit. Der Mensch – und entsprechend die Bildungsarbeit – wird im Wechselspiel von Innerlichkeit und Äußerlichkeit konzipiert, so dass von einer doppelten Bewegungsrichtung der Bildungsarbeit gesprochen werden kann.

Mit Blick auf die nach innen gerichtete Bewegung geht es um Dimensionen wie hören, achten, verarbeiten, fragen, fühlen, erleben, erspüren, erfühlen oder entspannen, die kognitive, emotionale und körperliche Komponenten umfassen. Mit Blick auf die nach außen gerichtete Bewegung lässt sich eine Vielfalt von kulturellen, körperlichen, geselligen (Essen, Feier) und spirituellen Ausdrucksformen (Gebet) unterscheiden, die sich sowohl individuell als auch kollektiv äußern (können). Häufig gibt es eine Wechselwirkung bzw. Gleichzeitigkeit der Bewegungsrichtungen. So können etwa Singen und Tanzen als Medien der Selbsterfahrung, der Körperarbeit sowie des Achtsamkeits- und Wahrnehmungstraining verstanden werden, ebenso aber auch als Medien des Körper- und Sinnausdrucks.[73] Zwischen Kulturtradierung/Kulturgestaltung und Selbsterfahrung/Selbstausdruck besteht insofern ein enger Zusammenhang. Ebenso ist die breite Palette der körperbezogenen Techniken wie Zen, Eutonie oder Yoga in dieser doppelten Bewegungsrichtung verortbar. Techniken der Körperbearbeitung dienen sowohl der Steigerung von Achtsamkeit und Wahrnehmungsfähigkeit als auch der Steigerung von Ausdrucksfähigkeit und Ausdrucksgestal-

---

73 Daneben können sie auch als didaktisierte Inhalte der Gruppenbildung und des Gruppenerhalts genutzt werden.

tung, die körperliche, emotionale und spirituelle Dimensionen gleichermaßen umfassen kann. Die Gleichzeitigkeit von eindrucks- und ausdrucksorientierte Bildung bedeutet schließlich auch die Gleichzeitigkeit von immaterieller und materieller Bildungsorientierung. Die immaterielle – innerliche – Seite zeigt sich in den vielen Verben der nach innen gerichteten Achtsamkeit und der sich im Inneren vollziehenden Tätigkeit (verarbeiten, nachdenken, erspüren, lauschen, etc.), während die materielle – äußerliche – Seite in einer Vielzahl körperlicher, künstlerischer, aktionistischer, liturgischer oder spiritueller Formen zum Ausdruck kommt.

In-Beziehung-Sein – In-Biographie-Sein

Konfessionelle Bildungsarbeit thematisiert in ihren Angeboten den Menschen fast immer in seiner Beziehung zu anderen, als Gruppen-, Gemeinschafts- oder Fremdbezug. Der Mensch wird als ein Wesen angesprochen, das sich in der Beziehung zu anderen entwickelt, das in Beziehung steht und nur beziehungsorientiert seinen eigenen Standpunkt finden kann. Daher nehmen dialog- und kommunikationsorientierte Formen der Bildungsarbeit einen hohen Stellenwert ein. Gleichzeitig wird der Mensch aber auch in seiner biographischen Einzigartigkeit gewürdigt als ein unverwechselbarer, historisch Gewordener mit einer eigenen Geschichte, die erzählt werden kann. Biographische Methoden der Bildungsarbeit fokussieren genau diesen Pol, wobei Biographiearbeit ebenfalls fast immer eingelagert ist in gruppen- und gemeinschaftsorientierte Settings. Sowohl in der Gemeinschaftsarbeit als auch in der Biographiearbeit kann als gemeinsamer dritter Pol auch die Beziehung zu Gott aufscheinen als eine weitere tragende, relativierende oder radikalisierende Beziehungsebene.

Lebensbreite – Lebenslänge – Lebenstiefe

Konfessionelle Bildungsarbeit spricht den Menschen in seiner ganzen Breite an. Von konkreten Alltagssorgen bis hin zu Fragen der Gottesauslegung wird das Leben in seiner ganzen Breite thematisiert. Gleichzeitig bezieht sich konfessionelle Bildungsarbeit auf die gesamte Lebenslänge. Von der Geburt bis zum Tod über die vielfältigen Statuspassagen und Lebenskrisen hinweg wird das Leben in seiner gesamten Länge in Blick genommen. Schließlich fokussiert konfessionelle Bildungsarbeit das Leben auch in seiner ganzen Tiefendimension. Von den tiefsten inneren Ängsten und Freuden bis hin zum nach außen gekehrten Ausdruckshandeln werden alle Schichten des Menschen angesprochen. Lebensbreite, Lebenslänge und Lebenstiefe bilden insofern eine triadische Verbindung, die die Ganzheitlichkeit konfessioneller Bildung aufzeigt und den Menschen in seiner Körperlichkeit, in seinen Emotionen, in seinem Intellekt und in seinem Geist ernst nimmt.

3.3 Raum-Zeit-Konfigurationen

Ein weiteres Charakteristikum konfessioneller Bildungsarbeit sind spezifische räumliche und zeitliche Konfigurationen, die je für sich stehen, aber auch Verbindungen miteinander eingehen (können).

Raumkonfigurationen

Konfessionelle Bildungsarbeit hat ganz unterschiedliche Raumbezüge, die in grundlegenden räumlichen Spannungsverhältnissen (Kirche-Welt), in der räumlichen Infrastruktur für die Bildungsarbeit und in der Gestaltung von Räumen zum Tragen kommen.[74]

Der Raumbezug zeigt sich zunächst in ganz unterschiedlichen räumlichen Spannungsverhältnissen. Die erste – und grundlegende – Raumspannung betrifft das Diesseits-Jenseits-Verhältnis. Kirchliche Bildungsarbeit bezieht sich explizit oder implizit in vielen ihrer Angebote auf dieses Spannungsverhältnis und kann je nach Ausrichtung und Thema die eine Seite dieses Verhältnisses betonen, ohne die andere zu vernachlässigen/verleugnen. Damit verbunden ist ein zweites – durchaus auch räumlich zu verstehendes – Spannungsverhältnis von Kirche und Welt, von kirchlichem Raum und weltlichem Raum, von innen und außen. Kirchliche Bildungsarbeit kann sich je unterschiedlich beziehen auf Kirche, auf Kirche in der Welt, auf Kirche im Verhältnis zur Welt, auf Welt, etc. und aus den unterschiedlichen Bezugnahmen je unterschiedliche Öffnungen und Öffentlichkeiten herstellen. Ein drittes Spannungsverhältnis betrifft die Verbindung von Lokalität und Globalität, von kleiner Gemeinde und ganzem Erdkreis, das kirchliche Bildungsarbeit in den Kontext globaler Problemlagen stellt und Fragen der eigenen kleinen Welt vor dem Hintergrund der und in Bezug auf die Fragen der großen Welt thematisiert.

Des Weiteren betrifft der Raumbezug Fragen der räumlichen Infrastruktur, die kirchliche Bildungsarbeit für sich nutzen kann. Hier wurde bereits in Kapitel 2.1 auf die großen Möglichkeiten der Raumnutzung im Kontext kirchlicher Infrastruktur hingewiesen, aber auch auf die vielfältigen Verbindungen von kirchlicher, öffentlicher und geographischer Raumnutzung. Besonders herausgehobene Räume konfessioneller Bildungsarbeit sind Kirchen. Kirchliche Räume als (Bildungs-)Infrastruktur können dabei in ganz unterschiedlichen Funktionen ge-

---

74 Zur Raumperspektive in der konfessionellen Erwachsenenbildung vgl. auch Steinhäuser 2012.

nutzt werden. Kirchen sind Orte von mehr oder weniger religiös geprägten Aufführungen (Konzerte, Lesungen, Predigten, Vorträge, Gottesdienste) oder werden als Orte des handelnden (religiösen) Mitvollzugs (Gottesdienst, Kloster) genutzt. Des Weiteren sind Kirchen Räume, in denen insbesondere musikalische und bewegungsorientierte Veranstaltungen stattfinden (Tanz, Gesang, Bewegung), und nicht zuletzt dienen Kirchen als Gegenstände und Anschauungsobjekte der (künstlerischen) Betrachtung und Auseinandersetzung (Kirchenführung, Kunst in der Kirche).

Der dritte Raumbezug manifestiert sich in der Gestaltung von Räumen. Kirchliche Bildungsarbeit hat es – wie Bildungsarbeit überhaupt – immer auch mit der Aufgabe der Raumgestaltung zu tun. Dabei sind die Gestaltungspotentiale kirchlicher Bildungsarbeit aufgrund ihrer infrastrukturellen Möglichkeiten und multifunktionalen Einbindungen besonders groß. Der stille Raum, der liturgische Raum, der Seminarraum, der Sing- oder Tanzraum, der öffentliche Raum, der Freizeitraum, der Raum der Lebenswelt, etc. sind Varianten der Raumgestaltung, die mit je unterschiedlichen Stimmungen einher gehen und dadurch je unterschiedliche Potentiale zur Bearbeitung bestimmter Themenstellungen oder Aufgaben haben.

Zeitkonfigurationen

Die Zeitlichkeit kirchlicher Bildungsarbeit zeigt sich in ganz unterschiedlichen zeitlichen Bezügen, als biographische, kalendarische, Wochen-, Kairos- und Weltzeit.

Zentral für die kirchliche Bildungsarbeit ist die biographische Zeit. Sie konfiguriert nicht nur die lebensalterbezogenen Zielgruppen (von Kindern bis Hochbetagten), sondern setzt an wichtigen biographischen Übergängen oder lebenslaufbezogenen Entwicklungsaufgaben an, die gestaltet und bearbeitet werden: Taufe, Konfirmation, Berufseinstieg, Heirat, Geburt von Kindern, Familie, Sinn, Älterwerden, Krankheit, Berufsausstieg, Sterben, Tod, Beerdigung, etc. Der zweite wichtige Zeitbezug kirchlicher Bildungsarbeit ist die kalendarische Zeit bzw. das Kirchenjahr: Advent, Weihnachten, Fastenzeit, Ostern, Pfingsten, Erntedank, Buß- und Bettag, Volkstrauertag, etc. Eine Vielzahl kirchlicher Bildungsangebote bezieht sich auf diese markanten Zeiten des Kirchenjahres mit unterschiedlichen Formaten, insbesondere der religiös-theologischen und kulturellen Erwachsenenbildung. Ein dritter wichtiger Bezugspunkt ist die Wochenzeit (Sonntag, Feiertag, Werktag), die insbesondere für die regelmäßigen Arbeitskreise, aber auch für die sonn- und feiertäglichen Bildungsangebote von Bedeutung ist. Ein weiterer Zeitbezug lässt sich als Kairoszeit beschreiben, eine besondere Zeit des Ergreifens und Ergriffensein, die unverfügbar bleibt, auf die letztlich jedoch immer hingearbeitet wird.[75] Weltgebetstage, Kirchentage oder Feste sind in dieser Perspektive Momente der Verdichtung, die sich allerdings auch in jeder beliebigen anderen Veranstaltung ereignen können. Ein letzter Zeitbezug ist die Thematisierung von Weltzeit als Heilszeit. Hier kultiviert kirchliche Erwachsenenbildung einen spezifischen Blick der Verknüpfung von Vergangenheit, Gegenwart und Zukunft, in der die Weltzeit in einer heilsgeschichtlichen Perspektive interpretiert wird.

3.4 Spannungsverhältnisse und doppelte Codierung

Konfessionelle Erwachsenenbildung – so haben die bisherigen Ausführungen immer wieder gezeigt – ist eingelagert in eine große Anzahl von Spannungsverhältnissen: Kirche und Welt, Innen und Außen, Ich und Du, Lokalität und Globalität, Leben und Tod, Glück und Trauer, Loslassen und Gewinnen, In-der-Welt-Sein und Aus-der-Welt-treten, etc. Die Existenz dieser Spannungsverhältnisse kann verstanden werden als Resultat einer doppelten Codierung. Sie ist ein durchgängiges Merkmal kirchlicher Bildungsarbeit, das sie sowohl in institutioneller als auch in inhaltlich-methodischer Hinsicht tiefgreifend prägt. Doppelte Codierung gibt kirchlicher Bildungsarbeit – im Verhältnis zu anderen Anbietern – enorme Möglichkeiten der einseitigen, beidseitigen, gleichzeitigen oder changierenden Verweisung, die Inhalten ein Thematisierungspotential mit großer Variationsstärke gibt.

In institutionell-organisatorischer Hinsicht heißt doppelte Codierung die Ansprache im Sinne einer wertebekennenden, auf den Glauben zielenden und insofern ergebnisgeschlossenen Bildung und im Sinne einer wertebasierten, auf die Gesellschaft zielenden und insofern ergebnisoffenen Bildung.[76] Immer geht es um Kanalisierung und Öffnung, um die einseitige, beidseitige oder gleichzeitige Perspektive ‚vor den Menschen' und ‚vor Gott'.

In inhaltlicher Perspektive ist doppelte Codierung auf basale Differenzerfahrungen des Menschseins bezogen: endlich/unendlich, diesseits/jenseits, offen/verborgen, bruchstückhaft/ganzheitlich, Verdienst/Gnade, Schuld/Vergebung, Widerstand/Ergebung, Glück/Leid, Eigenkreation/Kreatürlichkeit, Individuum/Gemeinschaft, Versehrtheit/Ganzheit. Alle Themen können offen oder untergründig in der Betonung der einen Seite immer auch die andere Seite mitdenken/mit thematisieren. Dies ermöglicht konfessioneller Bildung eine unge-

---

75 In der pädagogischen Tradition wird diese Zeit als fruchtbarer Moment thematisiert, in der sich in privilegierter Weise Verstehen ereignet. Vgl. Copei 1958.
76 In dieser Hinsicht ist die konfessionelle Erwachsenenbildung anderen wertebasierten Anbietern strukturell ähnlich.

meine Tiefendimension, die als Potentialität bei Bedarf (Nachfrage) immer aktualisiert werden kann – und zwar in einem bekennenden wie in einem rational-abwägenden Modus.

Methodisch ist die konfessionelle EB ebenfalls in der Lage, explizit und/oder implizit, gleichzeitig und/oder alternierend den Menschen als leib- und geistgebundene Person anzusprechen. Spirituelle, kognitive, emotionale, aktionale Komponenten können in die Bildungsarbeit einbezogen, der Mensch kann als körperliches, sich bewegendes und sich ausdrückendes, als fühlendes, denkendes und betendes/meditierendes Wesen gleichermaßen angesprochen werden. Die Komplexität und Mehrfachcodierung konfessioneller Erwachsenenbildung zeigt sich daher nicht nur und nicht so sehr in ihrer thematischen Ausrichtung, sondern gerade auch in der Komplexität der (Tiefen-)Dimensionen, über die sie Menschen mit entsprechenden Methoden und Darbietungsformen ansprechen kann.

Innerkirchlich ermöglicht diese Komplexität und Mehrfachcodierung den Mittransport einer Verweisungsstruktur, die der konfessionellen Erwachsenenbildung auch im Kontext der Kirche eine besondere Stellung verleiht (verleihen müsste): als Innen im Außen, als Außen im Innen und an der Schnittfläche zwischen Innen und Außen mit einer doppelten (janusköpfigen) gleichzeitigen Blickrichtung nach außen und nach innen. Kirchliche Erwachsenenbildung fungiert in dieser Hinsicht als organisationsstrukturelle und kulturelle Grenzstelle mit einem enormen Übersetzungspotential von der Kirche in die Gesellschaft, von der Gesellschaft in die Kirche, zwischen Kirche und Gesellschaft. Kirchliche Bildungsarbeit hat insofern ein Potential und ein Sensorium für Übergänge, eine Sensibilität für das Dazwischen, für die Kultivierung einer bipolaren Perspektivenausrichtung und deren gleichzeitiger Vermittlung.

4 Positionierung konfessioneller Erwachsenenbildung im Kontext des Hessischen Weiterbildungsgesetzes – ein Ausblick

Konfessionelle Erwachsenenbildungsarbeit vollzieht sich – wie jede Bildungsarbeit – in konkreten gesellschaftlichen und bildungspolitischen Kontexten. Für die konfessionelle Bildungsarbeit in Hessen ist einer dieser Kontexte das Hessische Weiterbildungsgesetz (HWBG), das die öffentlich kofinanzierte Weiterbildung in spezifischer Weise regelt. Als anerkannte Landesorganisationen sind die evangelische und katholische Erwachsenenbildung nicht nur Teil der Erwachsenenbildung in freier Trägerschaft,[77] sondern vertreten in diesem Kontext auch ein spezifisches Anbieterprofil. Vier Aspekte sind dabei besonderes relevant: Bildungsbegriff, Grundversorgung, Ehrenamt sowie Lebensweltnähe und Biographiebezug.

Bildungsbegriff

Das Hessische Weiterbildungsgesetz hat einen breiten Begriff von Weiterbildung, der allgemeine, politische, berufliche und kulturelle Erwachsenenbildung miteinschließt.[78] Der Bildungsbegriff konfessioneller Erwachsenenbildung ist in

---

[77] Neben den Volkshochschulen und Burg Fürsteneck gibt es in Hessen folgende neun anerkannte Landesorganisationen: Bildungswerk der Hessischen Wirtschaft, Bildungswerk des Landessportbundes Hessen, ver.di Bildungswerk Hessen, Bildungswerk der Arbeiterwohlfahrt Hessen, DGB-Bildungswerk Hessen, Katholische Erwachsenenbildung Hessen, Evangelische Erwachsenenbildung Hessen, Paritätisches Bildungswerk Hessen, Verein für Landvolkbildung.

[78] In Paragraph 2 (Aufgaben der Einrichtungen der Weiterbildung und des lebensbegleitenden Lernens) des Gesetzes zur Förderung der Weiterbildung und des lebensbegleitenden Lernens im Lande Hessen (Hessisches Weiterbildungsgesetz – HWBG) vom 25. August 2001, in der Fassung vom 21. November 2011 wird Weiterbildung folgendermaßen spezifiziert:
„(1) Die Einrichtungen der Weiterbildung haben als Bildungsdienstleister die Aufgabe, die Grundversorgung an Weiterbildung sicherzustellen und durch ihre Angebote die Weiterbildungsbeteiligung zu fördern. Ihr Bildungsangebot umfasst Inhalte, die die Entfaltung der Persönlichkeit fördern, die Fähigkeit zur Mitgestaltung des demokratischen Gemeinwesens stärken und die Anforderungen der Arbeitswelt bewältigen helfen. Es umfasst die Bereiche der allgemeinen, politischen, beruflichen und kulturellen Weiterbildung sowie der Weiterbildung im Zusammenhang mit der Ausübung eines Ehrenamtes und schließt die Vorbereitung auf den Erwerb von Schulabschlüssen sowie Gesundheitsbildung, Eltern-, Familien-, Frauen- und Männerbildung unter Berücksichtigung des Gender Mainstreaming Prinzips ein.

seiner umfassenden Breiten-, Längen- und Tiefendimension und seinem Einbezug spiritueller, kognitiver, emotionaler und körperlicher Aspekte eine bedeutsame Konkretisierung und Materialisierung der Begriffsweite, wie sie im Gesetz ausgeführt wird. Pointiert lässt sich sagen, dass kaum ein anderer Bildungsanbieter über eine derartige facettenreiche Komplexität verfügt, auch wenn mit Blick auf das angebotene Themenspektrum andere Anbieter breiter aufgestellt sind. Doch nicht nur das Themenspektrum ist hierbei entscheidend, sondern ebenso die Art der Ansprache, die Modi der Erarbeitung, die methodische Vielfalt sowie die Dimensionen des Menschseins, auf die die Bildungsarbeit insgesamt zielt. Hier hat die konfessionelle Erwachsenenbildung mit ihrer umfassenden Perspektiven- und Variationsvielfalt ein echtes Alleinstellungsmerkmal.

Grundversorgung

Mit ihrer ausgeprägten Flächenstruktur verfügt die konfessionelle Erwachsenenbildung über die infrastrukturellen Voraussetzungen, um einen entscheidenden Beitrag für die bildungsbezogene Grundversorgung der erwachsenen Bevölkerung zu leisten. Konfessionelle Erwachsenenbildung ist in der Fläche präsent, in ihrer Verbindung von zentraler und dezentraler Organisationsarbeit. Flächenpräsenz heißt dabei vor allem die Möglichkeit einer wohnortnahen Bildungsarbeit, die die unterschiedlichen Mobilitätsvoraussetzungen der verschiedenen Bevölkerungs- und Altersgruppen berücksichtigen kann. Dies ist insbesondere von Bedeutung bei älteren Zielgruppen in ländlichen Regionen, wo die – noch vorhandene – Flächenpräsenz der Kirchen auch im Bildungsbereich Wohnortnähe garantieren kann. Mit Blick auf die Themen ist die Breite konfessioneller Bildungsarbeit bereits in Kapitel 2 beschrieben worden. Themen, die von konfessionellen Bildungsträgern überportional stark angeboten werden – gerade auch im Bereich derjenigen Themen, die im Angebotsspektrum der hessischen Erwachsenenbildungsträger unterrepräsentiert insgesamt sind –, betreffen vor allem Religion/Theologie, Sport/Bewegung und Hauswirtschaft (vgl. Schemmann/Seitter 2011, S. 42).

---

(2) Weiterbildung ist als Teil lebensbegleitenden Lernens für die Bildung von Erwachsenen kontinuierlich weiterzuentwickeln. Lebensbegleitendes Lernen der Erwachsenen ist auf die individuellen, regionalen und gesellschaftlichen Bildungsbedürfnisse auszurichten. Diesen Grundsätzen ist auch die Weiterbildungsberatung verpflichtet.
(3) Die Einrichtungen der Weiterbildung haben das Recht auf selbstständige Gestaltung der Curricula und Bildungsstandards."

Ehrenamtliches Engagement

Konfessionelle Bildungsarbeit hat – sowohl mit Blick auf die planerisch-organisatorische Dimension der Bildungsarbeit als auch mit Blick auf die Durchführung vieler Veranstaltungen – eine starke ehrenamtliche Komponente. Die Beteiligung von Ehrenamtlichen bedeutet dabei nicht nur eine Verbreiterung des Pools an potentiellen Referenten, sondern ist vor allem auch entscheidend für eine milieu- und adressatennahe Bildungsplanung. Die Kenntnis der lokal-sozialen Verhältnisse vor Ort – in Abstimmung und Ergänzung zum eher distanzierteren Blick der hauptamtlichen Professionellen – ermöglicht eine präzisere Bedarfserhebung und zielgruppenspezifischere Veranstaltungsdurchführung. Geographische Nähe und soziale Ansprechbarkeit stellen zwei wichtige Elemente ehrenamtsgeprägter Bedarfsartikulation dar, die durch Zuarbeit, Beratung und/oder kritische Reflexion durch die Professionellen eine Absicherung/Verstetigung erfahren. In gewisser Weise lässt sich diese doppelte Professionalität als eine weitere Konkretisierung des Phänomens der doppelten Codierung deuten, indem zwei unterschiedliche Professionalitäten in je unterschiedlichen Konstellationen Milieubezug und Milieudistanz, Schließung und Öffnung zur Grundlage des eigenen Planungshandelns machen (können).

Lebenswelt- und Biographieorientierung

Ein letztes Charakteristikum konfessioneller Erwachsenenbildung ist ihre ausgeprägte Lebenswelt- und Biographieorientierung. Lebensweltbezug zeigt sich in den vielen Themen lebenspraktischer Ausrichtung, in der Thematisierung von Nöten des alltäglichen Lebens, in den Angeboten zur Beziehungsarbeit auf unterschiedlichen Ebenen und Sozialkonstellationen. Biographieorientierung ist ein umfassendes und dominantes Prinzip konfessioneller Bildungsarbeit, das sich in vielfältiger Weise inhaltlich und methodisch artikuliert und das die Bildungsarbeit in einen sie tragenden Rahmen stellt (vgl. dazu bereits Kapitel 2.3.3 und 3.2). Auch in dieser Hinsicht hat die konfessionelle Erwachsenenbildung im Vergleich zu anderen Trägern ein deutliches Alleinstellungsmerkmal.

5 Literaturverzeichnis

Programme

Evangelisches Dekanat Darmstadt-Stadt. Glaube, Bildung und Kultur.
 Veranstaltungen Januar – April 2011.
Evangelische Erwachsenenbildung Westerwald. Veranstaltungen 2011.
Referat Erwachsenenbildung (EKKW). Programm August bis Dezember 2011.
Katholische Erwachsenenbildung Bildungswerk Westerwald-Rhein-Lahn. Programm 1/2011.
Katholische Erwachsenenbildung Bildungswerke Wiesbaden, Rheingau und Untertaunus.
 Programm 1/2011.

Statistik

Horn, H./Ambos, I: Weiterbildungsstatistik im Verbund 2010 – Kompakt. Bonn 2012. Veröffentlicht unter: http://www.die-bonn.de/doks/2012-weiterbildungsstatistik-01.pdf.
Maßnahmen Hessen Gesamt 2010. Zusammenfassung. Einrichtung: Limburg. Unveröffentlichte Aufstellung.
Statistik 2009. Katholische Bundesarbeitsgemeinschaft für Erwachsenenbildung. Tabellen und Abbildungen. Veröffentlicht unter:
 http://www.kbe-bonn.de/fileadmin/Redaktion/PDF/Bundesstatistik/Standard-KBE_2009.pdf.

Kirchliche Dokumente

Bildungskammer der Evangelischen Kirche von Kurhessen-Waldeck (Hrsg.): Bildung stärken, Strukturen klären. Perspektiven kirchlicher Bildungsarbeit in der Evangelischen Kirche von Kurhessen-Waldeck. Eine Studie der Bildungskammer. Kassel 2008. Veröffentlicht unter: http://www.ekkw.de/media_ekkw/downloads/ekkw_texte_bildungsstudie.pdf.
Oberbandscheid, J.: Katholische Erwachsenenbildung im Bistum Limburg. 2008. In:
 http://dioezesanbildungswerk.bistumlimburg.de/index.php?_1=167219&_7=m_167223&_0=14&sid=9201deb6075272948a8beb6e83713f62
Ordnung für Erwachsenenbildung in der EKHN. Vom 14. Dezember 2006. In: Amtsblatt der Evangelischen Kirche in Hessen und Nassau, 2007, Nr. 2, S. 32-34. Veröffentlicht unter:
 http://www.ebekhn.de/fileadmin/ebekhn/DOWNLOADS/Ordnung_2006.pdf.
Satzung der Arbeitsgemeinschaft für Erwachsenenbildung in der Evangelischen Kirche in Hessen und Nassau. Vom 14. Dezember 2006, in der Fassung vom 5. Juli 2007. In: Amtsblatt der Evangelischen Kirche in Hessen und Nassau, 2007, Nr. 11, S. 313-315. Veröffentlich unter:
 http://www.ebekhn.de/fileadmin/ebekhn/DOWNLOADS/Satzung_5.7.07.pdf.

Literatur

Bubmann, P./Götz, D./Kessler, H./Oesselmann, D./Piroth, N./Steinhäuser, M. (Hrsg.): Gemeindepädagogik. Berlin/Boston 2012.
Copei, F.: Der fruchtbare Moment im Bildungsprozess. 4. Auflage. Heidelberg 1958.
Dräger, H.: Die Institutionalisierung und Professionalisierung der Erwachsenenbildung in der Weimarer Republik. In: Ciupke, P./Jelich, F.-J. (Hrsg.): Experimentiersozietas Dreißigacker. Historische Konturen und gegenwärtige Rezeption eines Erwachsenenbildungsprojektes der Weimarer Zeit. Essen, S. 29-48
Englert, R./Leimgruber, S. (Hrsg.): Erwachsenenbildung stellt sich religiöser Pluralität. Freiburg 2005.
Fleige, M.: Lernkulturen in der öffentlichen Erwachsenenbildung. Theorieentwickelnde und empirische Betrachtungen am Beispiel evangelischer Träger. Münster u.a. 2011.
Gieseke, W./Gorecki, C.: Programmplanung als Angleichungshandeln – Arbeitsplatzanalyse. In: Gieseke, W. (Hrsg.): Programmplanung als Bildungsmanagement. Qualitative Studie in Perspektivverschränkung. Recklinghausen 2000, S. 59-114.
Gieseke, W. (Hrsg.): Programmplanung als Bildungsmanagement. Qualitative Studie in Perspektivverschränkung. Recklinghausen 2000.
Gieseke, W. (Hrsg.): Institutionelle Innensichten der Weiterbildung. Bielefeld 2003.
Heuer, U./Robak, S.: Programmstruktur in konfessioneller Trägerschaft – exemplarische Programmanalysen, In: Gieseke, W. (Hrsg.): Programmplanung als Bildungsmanagement. Qualitative Studie in Perspektivverschränkung. Recklinghausen 2000, S. 115-209.
Kade, J./Lüders, Ch./Hornstein, W.: Die Gegenwart des Pädagogischen – Fallstudien zur Allgemeinheit der Bildungsgesellschaft. In: Oelkers, J./Tenorth, H.-E. (Hrsg.): Pädagogisches Wissen. Zeitschrift für Pädagogik. Beiheft 27. Weinheim-Basel 1991, S. 39-65.
Mulia, C.: Kirchliche Altenbildung. Herausforderungen – Perspektiven – Konsequenzen. Stuttgart 2011.
Müller, U./Papenkort, U.: Methoden der Weiterbildung – ein systematischer Überblick. In: Grundlagen der Weiterbildung. Praxishilfen. Neuwied 1997, 7.40.11, S. 1-18.
Nolda, S.: Programmanalyse – Methoden und Forschungen. In: Tippelt, R./Hippel, A.v. (Hrsg.): Handbuch Erwachsenenbildung/Weiterbildung. 5. Auflage. Wiesbaden 2011, S. 293-307.
Nolda, S./Pehl, K./Tietgens, H.: Programmanalysen. Programme der Erwachsenenbildung als Forschungsobjekte. Frankfurt/Main 1998.
Pohl-Patalong, U.: Religiöse Bildung im Plural. Konzeptionen und Perspektiven. Schenefeld 2003.
Prömper, H.: Emanzipatorische Erwachsenenbildung. Ostfildern 2003.
Rieck, U.: Empowerment. Kirchliche Erwachsenenbildung als Ermächtigung und Provokation. Münster 2008.
Rieger-Goertz, S.: Geschlechterbilder in der Katholischen Erwachsenenbildung. Bielefeld 2008.
Schemmann, M./Seitter, W.: Weiterbildungsbericht Hessen 2010. Hrsg. vom Hessischen Kultusministerium und dem Landeskuratorium für Weiterbildung und Lebensbegleitendes Lernen. Wiesbaden 2011.
Schlutz, E.: Programm- und Angebotsplanung. In: Grundlagen der Weiterbildung. Praxishilfen. Neuwied 2001, 4.30.20, S. 1-29.
Seitter, W.: Geschichte der Erwachsenenbildung. Eine Einführung. 3. Auflage. Bielefeld 2007.
Steinhäuser, M.: Gemeinde im Raum, Gemeinde als Raum. Topologische Wahrnehmungen. In: Bubmann, P./Götz, D./Kessler, H./Oesselmann, D./Piroth, N./Steinhäuser, M. (Hrsg.): Gemeindepädagogik. Berlin/Boston 2012, S. 61-83.

6 Abbildungsverzeichnis

Abbildung 1:	Veranstaltungen nach Themenbereichen und Veranstaltungstyp im Bistum Limburg für 2010	15
Abbildung 2:	Größenverhältnisse der Veranstaltungstypen	16
Abbildung 3:	Veranstaltungen nach Themenbereichen und Veranstaltungstyp in der EKHN für 2010	16
Abbildung 4:	Vergleich der Themen und Prozentsätze bei den Kursen mit Übernachtung	17
Abbildung 5:	Geographisch-konfessionelle Verteilung der fünf Programme	19
Abbildung 6:	Ausrichtung und Häufigkeit der Themenbereiche in den evangelischen Programmen	34
Abbildung 7:	Thematische Ausrichtung der katholischen Programme	40
Abbildung 8:	Thematische Clusterung der kirchlichen Programme	45
Abbildung 9:	Angebotsformate, Formatkombinationen, Zeitvarianten	48
Abbildung 10:	Varianten in der Systematisierung von Themenfeldern	51
Abbildung 11:	Übersicht der Aktionsformen (Methoden im engeren Sinne)	54
Abbildung 12:	Synoptische Zusammenschau von Formaten, Themen, Methoden und Darbietungsmodi	57
Abbildung 13:	Vorbereitungsveranstaltungen für den Weltgebetstag der Frauen 2011 (Chile)	58

7 Anhang

Statistik

Katholische Erwachsenenbildung Hessen:
Maßnahmen Hessen 2010 insgesamt: Zusammenfassung (FBS, förderungs- und nichtförderfähige Maßnahmen) Einrichtung Limburg

Gesamtzahl und geschlechtsspezifische Verteilung der TeilnehmerInnen

Evangelische Erwachsenenbildung Hessen:
Veranstaltungsstatistik 2010 (Pflichtangebot)

Themen, Inhalte, Methoden

Themenbereiche und Inhaltsausrichtung der evangelischen Programme

Inhaltliche Gliederung(en) der Programme der sieben katholischen Bildungswerke 1/2011

Themenbereiche und Inhaltsausrichtung der katholischen Programme

Methoden konfessioneller Bildungsarbeit

KEB: Maßnahmen Hessen 2010 insgesamt: Zusammenfassung (FBS, förderungs- und nichtförderfähige Maßnahmen) Einrichtung Limburg

Einzelveranstaltungen

	Anzahl	%	Ustd.	%	Ustd./V.	TN	%	TN/V.	Männer	%
Politik/Gesellschaft	375	28,47	1.447	27,89	3,85	9.472	26,49	25	3.707	39,14
Familie/Gender/Generationen	65	4,94	237	4,57	3,64	1.306	3,65	20	51	3,91
Religion/Ethik	555	42,14	2.378	45,83	4,28	17.253	48,26	31	5.626	32,61
Umwelt/Ökologie	14	1,06	34	0,66	2,42	322	0,90	23	133	41,30
Kultur/Gestalten	277	21,03	954,00	18,39	3,44	6713,00	18,78	24	2186	32,56
Gesundheit	21	1,59	76	1,46	3,61	514	1,44	24	159	30,93
Sprachen	0	0,00	0	0,00	0	0	0,00	0	0	0,00
Arbeit/Beruf	8	0,61	57	1,10	7,12	143	0,40	18	71	49,65
Grundbildung/Schulabschlüsse	2	0,15	6	0,12	3	30	0,08	15	3	10,00
Gesamtzahl	**1.317**	**100,00**	**5.189**	**100,00**	**31,36**	**35.753**	**100,00**	**27,15**	**11.936**	**33,38**

Mehrteilige Veranstaltungen

	Anzahl	%	Ustd.	%	Ustd./V.	TN	%	TN/V.	Männer	%
Politik/Gesellschaft	61	16,99	1.867	20,53	30,61	1.205	19,57	20	383	31,78
Familie/Gender/Generationen	11	3,06	214	2,35	19,45	94	1,53	9	21	22,34
Religion/Ethik	82	22,84	1.104	12,14	13,46	1.579	25,65	19	524	33,19
Umwelt/Ökologie	0	0,00	0	0,00	0	0	0,00	0	0	0,00
Kultur/Gestalten	59	16,43	835	9,18	14,15	1.418	23,03	24	480	33,85
Gesundheit	76	21,17	1.378	15,15	18,13	845	13,73	11	63	7,46
Sprachen	60	16,71	3.294	36,21	54,9	902	14,65	15	149	16,52
Arbeit/Beruf	10	2,79	404	4,44	40,4	113	1,84	11	33	29,20
Grundbildung/Schulabschlüsse	0	0,00	0	0,00	0	0	0,00	0	0	0,00
Gesamtzahl	**359**	**100,00**	**9.096**	**100,00**	**25,34**	**6.156**	**100,00**	**17,15**	**1653**	**26,85**

Kurse/Seminare mit Übernachtung

	Anzahl	%	Ustd.	%	Ustd./V.	TN	%	TN/V.	Männer	%
Politik/Gesellschaft	35	33,02	806	36,96	23,03	917	36,69	26	392	42,75
Familie/Gender/Generationen	15	14,15	297	13,62	19,8	355	14,21	24	113	31,83
Religion/Ethik	46	43,40	827	37,92	17,98	959	38,38	21	394	41,08
Kultur/Gestalten	10	9,43	251	11,51	25,1	268	10,72	27	101	37,69
Gesamtzahl	**106**	**100,00**	**2.181**	**100,00**	**20,58**	**2.499**	**100,00**	**23,58**	**1.000**	**40,02**

Gesamtzahl und geschlechtsspezifische Verteilung der TeilnehmerInnen

	Teilnehmer		Männer	
	Anzahl	%	Anzahl	%
Politik/Gesellschaft	11.594	26,1	4.482	38,65
Familie/Gender/Generationen	1.755	3,95	185	10,54
Religion/Ethik	19.791	44,57	6.544	33,07
Umwelt/Ökologie	322	0,73	133	41,30
Kultur/Gestalten	8.399	18,91	2.767	32,94
Gesundheit	1.359	3,06	222	16,34
Sprachen	902	2,03	149	16,52
Arbeit/Beruf	256	0,58	104	40,63
Grundbildung/Schulabschlüsse	30	0,07	3	10,00
Gesamtzahl	**44.408**	**100,00**	**14.589**	**32,85**

Evangelische Erwachsenenbildung Hessen: Veranstaltungsstatistik 2010 (Pflichtangebot)

Veranstaltungen mit Übernachtung	Anzahl	%	Ustd.	%	Ustd./V.	TN	%	TN/V.
Politik/Gesellschaft	23	17,16	632	20,33	27,47	428	15,18	18,61
Familie/Gender/Generationen	21	15,67	438	14,09	20,85	558	19,79	26,57
Religion/Ethik	33	24,63	764	24,58	23,15	582	20,65	17,64
Umwelt/Ökologie	1	0,75	16	0,51	16	17	0,60	17,00
Kultur/Gestalten	35	26,12	800	25,74	22,85	914	32,42	26,11
Gesundheit	12	8,96	237	7,63	19,75	176	6,24	14,66
Sprachen	0	0,00	0	0,00	0	0	0,00	0,00
Arbeit/Beruf	9	6,72	221	7,11	24,55	144	5,11	16,00
Gesamtzahl	**134**	**100,00**	**3.108**	**100,00**	**23,19**	**2.819**	**100,00**	**21,04**

Veranstaltungen ohne Übernachtung	Anzahl	%	Ustd.	%	Ustd./V.	TN	%	TN/V.
Politik/Gesellschaft	85	6,90	1244	5,23	14,63	1825	9,20	21,47
Familie/Gender/Generationen	433	35,15	8397	35,33	19,39	5297	26,69	12,23
Religion/Ethik	98	7,95	1283	5,40	13,09	3350	16,88	34,18
Umwelt/Ökologie	1	0,08	8	0,03	8	62	0,31	62,00
Kultur/Gestalten	214	17,37	5106	21,49	23,85	3751	18,90	17,53
Gesundheit	260	21,10	4557	19,18	17,52	3352	16,89	12,89
Sprachen	20	1,62	652	2,74	32,6	569	2,87	28,45
Arbeit/Beruf	121	9,82	2518	10,60	20,8	1637	8,25	13,53
Gesamtzahl	**1.232,00**	**100,00**	**23.765,00**	**100,00**	**19,28**	**19.843,00**	**100,00**	**16,11**

Themenbereiche und Inhaltsausrichtung der evangelischen Programme

Religiöse EB (3)
Gottesdienste mit unterschiedlicher Ausrichtung
Bibellektüre, Bibelabende
Themenbezogene Auseinandersetzungen (Feste, Kirchenjahr, Krisen)
Systematische Auseinandersetzung mit dem Glauben
Selbstfindung und Selbstausdruck

Theologische EB (3)
Auseinandersetzung mit biblisch-theologischen Fragen
Formen spiritueller/religiöser Praxis

Interkonfessionelle und interreligiöse EB (3)
Christen: regional und in der Welt
Judentum
Weltgebetstag der Frauen

Allgemeine und politische EB (3)
Grenzgebiet Naturwissenschaft und Theologie
Gesellschaftliche Zukunftsfragen
Politische EB (Kinderarmut, Flüchtlingsfragen, Afghanistan, Zivilcourage)
Behinderung
Ökologie

Lebenspraktische EB (1)
Schutz vor Straftaten, Umgang mit Geld, Vererben, Wartung)

Paar- und Familienbildung (3)
Einzelne im Kontext der Familie (Familienaufstellung)
Paare (Liebe, Geben und Nehmen, Partnerschaft neu entdecken)
Eltern/Kind

Trennung/Trauer (2)
Gemeinschaft finden, produktive Verarbeitung

Behinderung/Pflegende Angehörige (2)
Beitrag von Christen und Kirche, Erholungszeit für Angehörige

Tanz/Bewegung (3)
Tänze kennenlernen
Tanz und Körperausdruck/Spiritualität
Tanz und Literatur/Lyrik
Zielgruppenspezifische Angebote (Syrtaki)

Entspannung/Körperarbeit (3)
Fasten als Körperübung, Abstand, Auszeit, mit Überlappung zur Spiritualität
Körpertechniken, Übungen
Entspannungsübungen im Kontext von komplexeren Arrangements
Gesundheitsprophylaxe

Musik (3)
Rezeptiv (Musik hören: Musik- und Orgelkonzerte)
Aktiv (Musik selbst machen)
Übungsbezogen (Stimmtraining)

Kunst und Kirche (2)
Kunst in der Kirche, Kirche als künstlerischer Erkundungsraum

Bücher/Schreiben (2)
Eigene Schreibpraxis, Literatur, Erzählcafe

Filzen, nähen, basteln (1)
Ostereier, Filzen, Weihnachten

Ausstellungen (2)
Politisch-soziale Themen
Kirchlich-religiöse Themen
Missionsweg Nord-Nassau

Reisen (3)
Eintagesausflüge
Studien- und Bildungsreisen
Pilgerfahrten und Kirchentagsreisen
Urlaub, Erholung, Geselligkeit
Natur- und Wanderfahrten
Zielgruppenspezifische Angebote

Fortbildung der Ehrenamtlichen (3)
Information und Anwerbung für Interessenten
Gewinnung und Begleitung von Ehrenamtlichen
Längere Qualifizierungskurse für bestimmte Bereiche
Zielgruppenspezifische Angebote (Ältere, Kinder, Kirchenvorstand)
Konkrete Methoden und Handreichungen (Mediation, Umgang mit Gruppen)

Inhaltliche Gliederung(en) der Programme der sieben katholischen Bildungswerke 1/2011

Theologie, Philosophie, Glauben (Wiesbaden, Rheingau, Untertaunus)
Theologie – Spiritualität – interreligöser Dialog (Frankfurt)
Theologie (Hochtaunus; Westerwald, Rhein-Lahn)
Religion, Ethik (Wetzlar, Lahn; Dill, Eder, Limburg)
Weltgebetstag der Frauen (Westerwald, Rhein-Lahn)
Exerzitien, Meditation, Leben aus dem Glauben (Hochtaunus)
Ökumenische Veranstaltungsreihe (Westerwald, Rhein-Lahn)

Frauen (Frankfurt; Hochtaunus)
Frauenbildung (Wetzlar, Lahn, Dill, Eder; Limburg; Westerwald, Rhein-Lahn)

Männer (Frankfurt)
Forum Junge Erwachsene (Frankfurt)
Forum 35+ (Frankfurt)
3./4. Lebensalter (Wetzlar, Lahn, Dill, Eder; Limburg)

Lebensorientierung (Hochtaunus)
Lebensgestaltung (Wetzlar, Lahn, Dill, Eder; Limburg; Wiesbaden, Rheingau, Untertaunus)
Kompetenz für Leben und Beruf (Frankfurt)
Person und Kommunikation (Frankfurt)

Kreatives Gestalten (Hochtaunus)
Kultur, Gestalten (Wetzlar, Lahn, Dill, Eder)
Literatur, Kunst (Westerwald, Rhein-Lahn)
Theater, Film, Literatur (Wiesbaden, Rheingau, Untertaunus)

Gesundheit, Tanz, Bewegung (Hochtaunus)
Gesundheit (Wetzlar, Lahn, Dill, Eder)
Gesundheitsbildung (Westerwald, Rhein-Lahn)

Politik und Gesellschaft (Frankfurt; Limburg)
Gesellschaftspolitische Themen (Hochtaunus)
Soziale Verantwortung (Wiesbaden, Rheingau, Untertaunus)

Fahrten und Führungen, Kirche und Kunst (Frankfurt)
Kunst, Exkursion, Reisen, Museumsbesuche (Wiesbaden, Rheingau, Untertaunus)

Alphabetisierungskurse (Westerwald, Rhein-Lahn)
Deutsch als Fremdsprache (Westerwald, Rhein-Lahn)

Öffentlichkeitsarbeit und Medien (Westerwald, Rhein-Lahn)
Fortbildung und Qualifizierung (Frankfurt)
Ehrenamt (Wetzlar, Lahn, Dill, Eder; Limburg)
Fortbildung für Ehrenamtliche (Westerwald, Rhein-Lahn)
Fortbildung, Qualifizierung, Bildungsurlaub (Wiesbaden, Rheingau, Untertaunus)
Main-Taunus ohne inhaltliche Gliederung, rein alphabetisch

Themenbereiche und Inhaltsausrichtung der katholischen Programme

Religiöse EB
Allgemeine Glaubensmeditationen
Bibliodrama zu Sonntagstexten der Liturgie
Beschäftigung mit Figuren der Bibel und der Kirchengeschichte
Frauenkreise, Gesprächskreise
Systematische (kursbezogene) Auseinandersetzung mit dem Glauben
Blockveranstaltungen: Besinnungstage, Exerzitien

Theologische EB
Theologische Fachfragen auf akademischem Niveau
biblische Symbolik und Mythik
Auseinandersetzung mit biblischen Figuren
religionsbezogenen Fragen der Kunst, der Geschichte. der Armut oder des Pilgerns

Interreligiöse EB
Juden in der Geschichte von Mainz
Interreligiöse Rundgänge (Kultstätten)
ökumenische Bibelwochen oder Exerzitien
Veranstaltungen zum Weltgebetstag der Frauen

Allgemeine, politische, lebenspraktische Erwachsenenbildung
Sexualität
Umweltschutz
Integration
Computer- und Bildungsbearbeitungsprogramme
Landes- und Heimatkunde
Lebenspraktische Themen

Partnerschaft
Gesprächstraining für Paare
Vorbereitung auf die kirchliche Eheschließung

Alter/Altwerden/Pflege
Hauskrankenpflege
Alter und Pflege
Angebote für psychisch belastete Menschen

Trauer/Sterben/Hospiz
Allgemeine Informationsveranstaltungen
zielgruppenspezifische Angebote
methodische Akzentuierungen (Trauercafe)
Angebote zur Begleitung unterschiedlichster Gruppen von Trauernden

Gesundheit/Körpertraining
Yoga
Osteoporose- und Sturzprophylaxe
Heilfasten, Abnehmen, Ernährung, Gedächtnistraining, Demenzvermeidung

Tanzen
meditativ, gesellig, gesundheitsprophylaktisch oder therapeutisch

Kulturelle EB (Praxis, Selbsttun)
Kochen, Malen, Handarbeiten

Singen/Stimmbildung
zielgruppenspezifische Angebote
Sing- und Stimmbildung

Literatur
Lektüre von Romanen, mit z.T. theologischen Bezügen
Literarische Vorlese- und Gesprächsabende

Theater-Film
städtische Infrastruktur (Wiesbadener Filmgespräche)
Theatergemeinde Wiesbaden

Kunst/Museum
Atelierbesuche bei Wiesbadener Künstlern
Besuch von Museen und Ausstellungen
Veranstaltungsreihe Kunst und Religion

Berufliche Bildung
Kommunikation, Knigge heute und Networking (für Frauen)
Stimmbildung

Alphabetisierung/Grundbildung
Deutsch als Fremdsprache

Reisen
Tagesreisen
Studien- und Bildungsreisen
zielgruppenspezifische Reisen
Fahrten mit religiösem Inhalt

Fortbildung für Ehrenamtliche
Allgemeine Weiterbildungsmöglichkeiten für Ehrenamtliche
Fortbildungen zur Aktivierung und Leitung in bestimmten Bereichen (Gottesdienst, Kultur)
Qualifizierungen für Kirchenführung
Einsatz von Medien im Kindergarten
Schulungen für spezifische Bereiche: Hospiz, Altenseelsorge, Jugendhilfe

Methoden konfessioneller Bildungsarbeit

Methoden der Informationsvermittlung und Gesprächsartikulation
Vortrag, Fachinformation, Impulsreferat, Fragen, Gespräch, Diskussion, Forum, Podium, Runder Tisch

Methoden der Texterschließung
Romane/Literatur, Bibel, Lebensgeschichten; Textarbeit, gemeinsame Lektüre, Geschichten erzählen und hören, Deutung, Aktualisierung, Hermeneutik; Bibliodrama, Predigt, Lesung

Methoden der Besinnung und religiösen Übung
Meditation, Besinnung, Dia, Bild, Musikmeditation
Exerzitien, Liturgie, Feier, Gottesdienst, Lesung

Methoden der Köper- und Bewegungsarbeit
Yoga, Feldenkrais, Eutonie, progressive Muskelentspannung, Entspannungsmethoden

Methoden des künstlerischen Selbst- oder Gemeinschaftsausdrucks (kreative Methoden)
Spielen, ausprobieren, bauen, basteln, verkleiden, schreiben, weiterschreiben, Mosaik legen

Biographische, familien- und gestalttherapeutische Methoden
Reise in die eigene biographische Vergangenheit, Lebensgeschichten und Erfahrungen teilen, Trauercafe, Erzählcafe, Selbsthilfegruppen, Erfahrungsaustausch

Methoden im Kontext von Paar- und Familienbildung
Familienaufstellung, Gestalttherapie

Aktionen
Weltgebetstag, Frauen gegen Brustkrebs, Aktionstag gegen Armut

Führung und Selbsterkundung
Besichtigungen, Ausstellungen, Reisen

Methodenspektrum in der Fortbildung für Ehrenamtliche
Vermittlung von Methodenkompetenz, Vermittlung von Materialien, Medien, Fallbeispiele

VS Forschung | VS Research
Neu im Programm Erziehungswissenschaft

Gabi Elverich
Demokratische Schulentwicklung
Potenziale und Grenzen einer Handlungsstrategie gegen Rechtsextremismus
2011. 448 S. Br. EUR 39,95
ISBN 978-3-531-17858-5

Marcel Klaas / Alexandra Flügel / Rebecca Hoffmann / Bernadette Bernasconi (Hrsg.)
Kinderkultur(en)
2011. 329 S. Br. EUR 34,95
ISBN 978-3-531-16468-7

Sabine Klomfaß
Hochschulzugang und Bologna-Prozess
Bildungsreform am Übergang von der Universität zum Gymnasium
2011. 360 S. Br. EUR 39,95
ISBN 978-3-531-18127-1

Andreas Knoke / Anja Durdel (Hrsg.)
Steuerung im Bildungswesen
Zur Zusammenarbeit von Ministerien, Schulaufsicht und Schulleitungen
2011. 166 S. Br. EUR 24,95
ISBN 978-3-531-17888-2

Alexander Lahner
Bildung und Aufklärung nach PISA
Theorie und Praxis außerschulischer politischer Jugendbildung
2011. 363 S. Br. EUR 49,95
ISBN 978-3-531-18041-0

Andrea Óhidy
Der erziehungswissenschaftliche Lifelong Learning-Diskurs
Rezeption der europäischen Reformdiskussion in Deutschland und Ungarn
2011. 239 S. (Studien zur international vergleichenden Erziehungswissenschaft. Schwerpunkt Europa – Studies in International Comparative Educational Science. Focus: Europe) Br. EUR 39,95
ISBN 978-3-531-18113-4

Victor Tiberius
Hochschuldidaktik der Zukunftsforschung
2011. 371 S. Br. EUR 49,95
ISBN 978-3-531-18124-0

Erhältlich im Buchhandel oder beim Verlag.
Änderungen vorbehalten. Stand: Juli 2011.

Einfach bestellen:
SpringerDE-service@springer.com
tel +49(0)6221/345-4301
springer-vs.de

The manufacturer's authorised representative in the EU is Springer Nature Customer Service Centre GmbH, Europaplatz 3, 69115 Heidelberg, Germany. If you have any concerns regarding our products, please contact ProductSafety@springernature.com

Printed and bound by CPI Group (UK) Ltd, Croydon, CR0 4YY
25/03/2026
02078192-0008